교과서가 쏙쏙

초등부터
수능독해

초등
5학년

지은이 **김희정**

고려대학교에서 국어국문학을 전공하고, 교과서와 교재 대표 출판사인 천재교육에서 10년,
비상교육에서 20년간 근무했습니다. 30년 동안 초·중·고교 학생들을 위한 효과적인 학습 방법을
연구하며 교재와 교과서를 만들어 왔습니다. 자기 주도 학습을 위한 교재인 '완자'를 개발하고,
한 권으로 국어 학습을 끝낼 수 있는 '한끝 국어'를 기획했습니다. 초등과 고등 학습을 연계한 도서가
학생들에게 필요하다고 생각하던 차에, 초등 교과서만 제대로 읽어도 수능 독해 지문을 읽을 수 있는
《교과서가 쏙쏙 초등부터 수능 독해》를 내게 되었습니다. 국어를 가르치는 일에 관심이 많아
한국어 교사 자격증을 취득하여 일본인에게 한국어를 가르치는 일도 하고 있습니다.
알고 있는 지식을 필요한 누군가에게 나누는 일에 보람과 즐거움을 느낍니다.

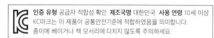
초등부터 수능 독해

1판 1쇄 발행일 2024년 5월 7일
지은이 김희정 **그림** 박은애 **펴낸곳** (주)도서출판 북멘토 **펴낸이** 김태완
편집주간 이은아 **편집** 김경란, 조정우 **디자인** 구민재page9, 안상준 **마케팅** 강보람, 민지원, 염승연
출판등록 제6-800호(2006. 6. 13.)
주소 03990 서울시 마포구 월드컵북로 6길 69(연남동 567-11) IK빌딩 3층
전화 02-332-4885 **팩스** 02-6021-4885

🏠 bookmentorbooks.co.kr ✉ bookmentorbooks@hanmail.net
📷 bookmentorbooks_ _ 🅑 blog.naver.com/bookmentorbook

ⓒ 김희정 2024

ISBN 979-89-6319-564-3 63700

초등
5학년

초등 교과서만 제대로 읽어도
—— 수능이 읽힌다! ——

교과서가 쏙쏙

초등부터
수능독해

김희정 지음

북멘토

초등 교과서의 내용이 수능과도 연결된다는 걸 알고 계신가요? 국어, 사회, 과학 과목의 초등 교과서만 꼼꼼히 읽어도 수능 독해를 대비할 수 있습니다. 글을 잘 읽으려면 어휘를 알아야 하고, 문장 구조를 파악해 글쓴이가 말하고자 하는 의도를 찾아내야 합니다. 그런데 배경지식이 있다면 모르는 어휘가 나와도 문맥 속에서 의미를 파악하는 힘이 생깁니다.

《교과서가 쏙쏙 초등부터 수능 독해》는 최근 사회 전반으로 관심이 높아진 문해력을 기를 수 있도록 구성한 책입니다. 초등 교과서와 대학 수학 능력 시험 국어 영역 지문 중 주제가 비슷한 것을 묶어 제공하고, 교과서 내용을 바탕으로 독해 훈련을 할 수 있도록 했습니다. 그런 다음 수능형 지문을 접하도록 해서 길고 어려운 글을 거부감 없이 읽을 수 있게 합니다. 또한 영역별로 다양한 텍스트를 활용해 어린이들이 독해 능력을 실질적으로 향상할 수 있도록 했습니다. 단순히 글 읽기를 넘어서 다양한 상황의 맥락을 파악하고 분석하며 글을 창의적으로 읽는 방법을 연습함으로써 여러 분야 텍스트의 독해 능력을 높이고 전반적인 독서 능력을 기를 수 있습니다.

1단계

그림이나 만화 또는 친숙한 생활 관련 상황을 재미있는 그림으로 담아 글 읽기의 진입 장벽을 낮춥니다.

2단계

국어, 사회, 과학 교과서 지문을 활용한 친숙한 글을 통해 어휘와 문장 구조 파악하는 법을 익힙니다.

3단계

2단계와 비슷한 주제의 수능 지문을 활용한 긴 글을 통해 구조적이고 분석적인 독해 방법을 익힙니다.

그림과 함께 읽기

재미있는 그림을 보면서 상황의 맥락을 파악하고 기본적인 어휘를 익힙니다. 숨은그림찾기, 만화, 포스터, 풍속화, 동화 속 장면 등 어린이의 흥미를 유발할 수 있는 재미있는 그림을 통해 상황과 맥락을 파악하고 다양한 독해 요소를 이끌어 냅니다. 초등 성취 기준을 바탕으로 학년별로 필요한 어휘 학습이 가능하도록 구성했습니다.

초등 교과서 읽기

초등학교 국어, 사회, 과학 영역 교과서 내용을 응용한 짧은 글을 통해 다음 단계의 긴 글 읽기에 필요한 독해 연습을 할 수 있도록 구성했습니다. 1단계보다 높은 수준의 어휘와 문장 구조를 파악하는 능력을 기를 수 있습니다. 교과 내용을 중심으로 구성하여 학년별 수준을 맞추고 교과 이해도 가능하도록 했습니다.

수능형 지문 읽기

대학 수학 능력 시험 출제 지문과 평가 모의 고사 지문을 어린이들의 수준에 맞게 재구성하여 학생들이 다양한 분야의 지식을 습득하고 글 읽기의 시야도 확장할 수 있도록 했습니다. 앞의 두 단계 독해법을 통해 얻은 배경지식과 어휘 등을 바탕으로 긴 글을 구조적이고 분석적으로 읽는 독해 능력을 기를 수 있습니다. 이를 바탕으로 다른 분야의 텍스트 읽기로 독서 능력을 확장할 수 있습니다.

이 책의
구성과 활용법

1단계

그림과
함께
읽기

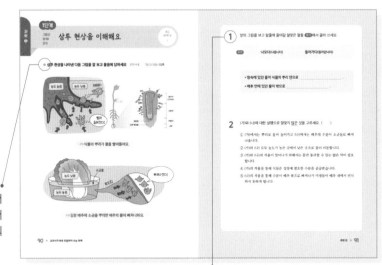

재미있는 그림을 보면서
놀이하듯 다음 단계에서
제시될 주제에 대해 워
밍업을 합니다.

초등 연령별 필수 어휘를 제시하고 단어
의 구조를 파악하는 문제를 제시합니다.

2단계

초등
교과서
읽기

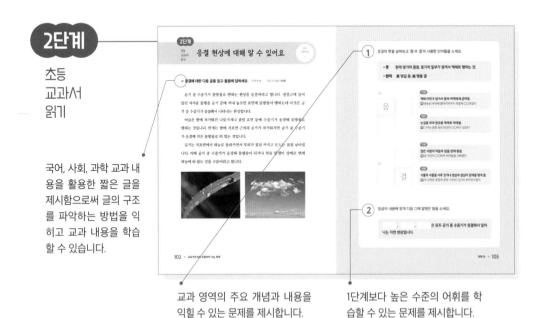

국어, 사회, 과학 교과 내
용을 활용한 짧은 글을
제시함으로써 글의 구조
를 파악하는 방법을 익
히고 교과 내용을 학습
할 수 있습니다.

교과 영역의 주요 개념과 내용을
익힐 수 있는 문제를 제시합니다.

1단계보다 높은 수준의 어휘를 학
습할 수 있는 문제를 제시합니다.

3단계

수능형
지문
읽기

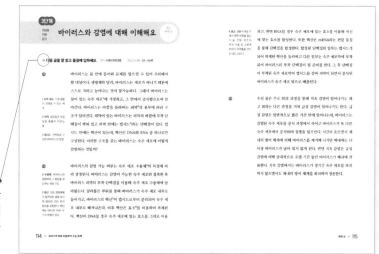

국어, 사회, 과학 교과와
관련하여 긴 글의 독해
훈련에 중점을 둔 지문
을 제시합니다.

3단계에서는 어휘, 이해, 응용 영역으로 나뉘어 글을 분석적으로 읽는 방법을 학습할 수 있습니다.

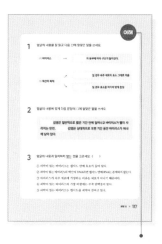

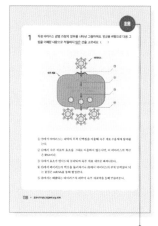

어휘 영역에서는 단어를 긴 글과
문장의 맥락 속에서 파악하는 연습
을 합니다.

이해 영역에서는 글의 주제와 내용
을 정확히 이해할 수 있도록 주요
정보를 요약해 익힐 수 있는 문제
를 제시합니다.

응용 영역에서는 긴 글을 읽고 얻은
정보를 바탕으로 이해를 확장하고
다른 분야와 연계하여 활용할 수 있
는 수능형 문제를 제시합니다.

이 책의
차례

정답과 도움글 • 119

막
장

1

1단계	그림과 함께 읽기	상위어와 하위어를 익혀요
2단계	초등 교과서 읽기	단어의 관계를 파악해요 국어 4-1 〈사전은 내 친구〉
3단계	수능형 지문 읽기	어휘적 빈자리를 이해해요 2019년 고3 학력 평가 〈어휘의 빈자리〉

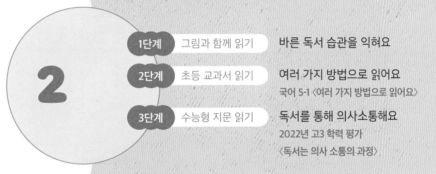

2

1단계	그림과 함께 읽기	바른 독서 습관을 익혀요
2단계	초등 교과서 읽기	여러 가지 방법으로 읽어요 국어 5-1 〈여러 가지 방법으로 읽어요〉
3단계	수능형 지문 읽기	독서를 통해 의사소통해요 2022년 고3 학력 평가 〈독서는 의사 소통의 과정〉

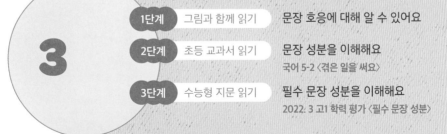

3

1단계	그림과 함께 읽기	문장 호응에 대해 알 수 있어요
2단계	초등 교과서 읽기	문장 성분을 이해해요 국어 5-2 〈겪은 일을 써요〉
3단계	수능형 지문 읽기	필수 문장 성분을 이해해요 2022. 3 고1 학력 평가 〈필수 문장 성분〉

1단계

그림과
함께
읽기

상위어와 하위어를 익혀요

❖ 수업 시간에 선생님과 친구들이 각자 좋아하는 꽃에 대해 이야기 나누고 있어요. 그림을 잘 보고 물음에 답하세요. 문제·1~2 정답과 도움글·120쪽

1 앞의 그림에서 '꽃'을 '상위어', '장미, 민들레, 벚꽃' 각각을 각각 '하위어'라고 해요. 상위어와 하위어의 관계를 잘 생각해 보고 다음 □에 알맞은 말을 쓰세요.

(1) 　　　　　　한자 풀이로만 보면 '위에 위치하는 말'이라는 뜻으로, 그 의미가 다른 단어의 의미를 포함하는 말.

(2) 　　　　　　한자 풀이로만 보면 '아래에 위치하는 말'이라는 뜻으로, 그 의미가 다른 단어에 포함되는 말.

2 다음 상위어를 잘 살펴보고 알맞은 하위어를 세 개 이상 쓰세요.

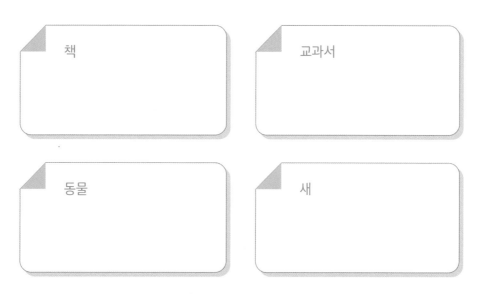

단어의 관계를 파악해요

❖ 단어의 관계에 관한 다음 글을 잘 읽고 물음에 답하세요. 문제・1~4 정답과 도움글・120쪽

글의 내용을 잘 이해하기 위해서는 사전을 가까이하는 것이 좋습니다. 사전을 이용하면 모르는 낱말의 뜻을 확인할 수 있습니다. 사전을 찾으며 낱말 뜻을 확인하면 단어 사이의 관계도 알 수 있습니다. 단어에는 뜻이 서로 비슷한 말, 반대되는 말, 상하 관계의 말 등이 있습니다. 비슷한 말, 반대되는 말, 상하 관계의 말을 많이 알수록 어휘력이 풍부해지고 글을 읽는 힘이 생깁니다.

상하 관계는 한 단어의 의미가 다른 단어의 의미를 포함하는 경우를 말합니다. 다른 단어를 포함하는 단어를 상위어, 다른 단어에 포함되는 단어를 하위어라고 합니다. '동물, 개, 진돗개'의 관계를 보면 '동물'은 '개'에 대해서 상위어이고, '진돗개'는 '개'의 하위어입니다. 다른 단어와의 관계에 따라 한 단어가 상위어가 될 수도 있고 하위어가 될 수도 있습니다. 상위어를 사용하면 개별적인 특징보다는 일반적이고 공통적인 특징이 강조되고, 하위어를 사용하면 공통적인 특징보다는 개별적이고 구체적인 차이가 강조됩니다.

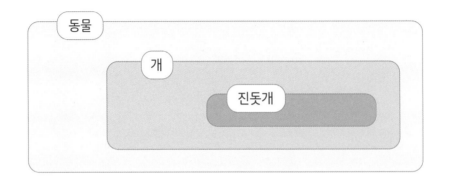

1 앞글을 읽고 □에 적절한 낱말을 쓰세요.

상하 관계는 한 단어의 의미가 다른 단어의 의미를 포함하는 관계를 말합니다. 다른 단어를 포함하는 단어를   , 다른 단어에 포함되는 단어를   라고 합니다.

2 단어의 관계를 잘 알면 어떤 점이 좋을지 앞글을 읽고 찾아 쓰세요.

3 다음 단어들이 서로 어떤 관계인지 줄로 이으세요.

(1) 동물 : 짐승   •

(2) 생물 : 동물   •

(3) 생물 : 무생물   •

   • ㉠ 뜻이 비슷한 관계

   • ㉡ 뜻이 반대인 관계

   • ㉢ 상하 관계

4 앞글의 내용에 맞게 □에 알맞은 말을 쓰세요.

	상위어	하위어
(1) ☐ ☐	개	(2) ☐ ☐ ☐
상위어	하위어	

어휘적 빈자리를 이해해요

❖ **다음 글을 잘 읽고 물음에 답하세요** (문제·어휘/ 이해/ 응용) (정답과 도움글·120~121쪽)

가

어린 말은 망아지, 어린 소는 송아지, 어린 개는 강아지라고 한다. 이들은 모두 사람들이 기르는 가축이라는 공통점이 있으며, 새끼를 나타내는 단어가 모두 '-아지'로 끝난다는 점이 흥미롭다. 돼지도 흔한 가축이지만 현대 국어에서 어린 돼지를 가리키는 고유어 단어는 따로 없다. '가축과 그 새끼'를 나타내는 고유어 어휘 체계에서 '어린 돼지'는 빈자리로 남아 있는 것이다. 그렇다고 해서 어린 돼지를 사람들이 인식[1]하지 못하는 것은 아니다. 다만 어린 돼지를 가리키는 고유어 단어가 없을 뿐인데, 이렇게 한 언어의 어휘 체계 내에서 개념은 존재하지만 실제 단어가 존재하지 않는 경우를 '어휘적 빈자리'라고 한다.

1 인식 사물을 분별하고 판단하여 아는 일.

나

어휘적 빈자리는 계속 존재하기도 하지만, 다양한 방식으로 채워지기도 한다. 그렇다면 어휘적 빈자리가 채워지는 방식에는 어떤 것들이 있을까? 첫 번째 방식은 단어가 아닌 구[2]를 만들어 빈자리를 채우는 방식이다. 어떤 언어에는 '사촌, 고종사촌, 이종사촌'에 해당하는 각각의 단어가 존재하지만, 외사촌을 지시하는 단어는 없다. 그래서 그 언어에서 외사촌을 가리킬 때 '외삼촌의 자식'이라고 말한다고 한다. 현대 국어에서 어린 돼지를

2 구 둘 이상의 단어가 모여 절이나 문장 일부분을 이루는 토막.

가리킬 때 '아기 돼지'나 '새끼 돼지' 등으로 말하는 것도 이러한 방식에 해당한다.

다 두 번째 방식은 한자어나 외래어를 이용하여 빈자리를 채우는 방식이다. 무지개의 색채를 나타내는 현대 국어의 어휘 체계는 '빨강-주황-노랑-초록-파랑…'인데 이 중 '빨강, 노랑, 파랑'은 고유어이지만 '빨강과 노랑의 중간색', '풀의 빛깔과 같이 푸른 빛을 약간 띤 녹색' 등을 나타내는 고유어는 없기 때문에 한자어 '주황(朱黃)'과 '초록(草綠)' 등이 쓰인다.

라 세 번째 방식은 상위어로 하위어의 빈자리를 채우는 방식이다. '누이'는 원래 손위와 손아래를 모두 가리키는 단어인데, 손위를 의미하는 '누나'라는 단어는 따로 있으나 '손아래'를 의미하는 단어는 없어서 상위어인 '누이'가 그대로 빈자리에 들어가게 되었다. 이후 의미 구별을 위해 손아래를 의미하는 '누이동생'이 생겨나기는 했지만, 여전히 '누이'는 상위어로도 쓰이고 하위어로도 쓰인다.

1 앞글을 바탕으로 다음 문장의 □에 들어갈 적절한 말을 찾아 쓰세요.

해당 언어에 본디부터 있던 말이나 그것에 기초하여 새로 만들어진 말을 □□□ 라 하고, 한자에 기초하여 만들어진 말을 □□□□ 라고 합니다.

2 ㉠ 문단의 체계라는 말이 <u>어색하게</u> 쓰인 문장을 고르세요. (   )

① 군대는 명령 **체계**에 의해서 움직인다.
② 그들은 **체계**나 원칙도 없이 일을 진행시켰다.
③ 생긴 지 얼마 안 된 조직이라 **체계**가 이미 잡혀 있다.
④ 도로명 주소 **체계**가 확립되어 길 찾기가 더 수월해질 전망이다.
⑤ 우리 회사는 이미 아래에서 위에까지 질서 있게 **체계**가 잡혀 있다.

3 다음 어휘에 맞는 뜻을 찾아 줄로 이으세요.

(1) **사촌** •   • ㉠ 아버지의 여자 형제(고모)의 자녀

(2) **고종사촌** •   • ㉡ 아버지의 친형제자매의 자녀

(3) **이종사촌** •   • ㉢ 어머니의 남자 형제(외삼촌)의 자녀

(4) **외사촌** •   • ㉣ 어머니의 여자 형제(이모)의 자녀

1 한 언어의 어휘 체계 내에서 개념은 존재하지만, 실제 단어가 존재하지 않는 것을 무엇이라고 하는지 앞의 글에서 찾아 쓰세요.

2 어휘적 빈자리에 대한 설명으로 맞지 <u>않는</u> 것을 고르세요. (   )

① 어휘적 빈자리는 반드시 채워진다.
② 단어가 아닌 구를 만들어 빈자리를 채울 수 있다.
③ 한자어나 외래어를 이용하여 빈자리를 채울 수 있다.
④ 상위어로 하위어의 빈자리를 채우기도 한다.
⑤ 어휘적 빈자리가 채워지는 방법에는 여러 가지가 있다.

3 어휘적 빈자리를 채우는 방법과 그에 대한 예를 맞게 줄로 이으세요.

(1) 단어가 아닌 구를 만들어 빈자리를 채우는 방식   •   • ㉠ 누이

(2) 한자어나 외래어를 이용하여 빈자리를 채우는 방식   •   • ㉡ 주황, 초록

(3) 상위어로 하위어의 빈자리를 채우는 방식   •   • ㉢ 새끼 돼지

1 앞글을 바탕으로 다음 내용을 적절히 이해한 것을 고르세요. (   )

> 지금의 '돼지'를 의미하는 말이 예전에는 '돝'이었고, '돝'에 '-아지'가 붙어 '돝의 새끼'를 의미하는 '도야지'가 쓰였다. 그런데 현대 국어의 표준어에서는 '돝'이 사라지고, '돝'의 자리를 '도야지'의 형태가 바뀐 '돼지'가 차지하게 되었다.

① 예전의 '도야지'에 해당하는 개념이 지금은 사라졌다.

② 예전의 '돝'은 '도야지'의 하위어로, 의미가 더 한정적이다.

③ 지금의 '돼지'와 예전의 '도야지'가 나타내는 개념은 다르다.

④ 지금의 '어린 돼지'에 해당하는 어휘적 빈자리는 예전부터 있었다.

⑤ 예전의 '도야지' 개념을 나타내기 위해 지금은 하나의 고유어가 사용된다.

2 앞글에 어휘적 빈자리를 채우는 세 가지 방식이 나와 있어요. 다음 예시는 몇 번째 방식과 관련 있는지 ▒▒▒에 쓰세요.

> '그제-어제-오늘-내일-모레' 같이 날짜를 세는 말을 보면, 다른 말은 다 고유어인데 '오늘'의 다음 날을 뜻하는 '내일'은 고유어가 아닌 한자어이다.

3 앞글을 바탕으로 어휘적 빈자리가 채워지는 방식이 적용된 사례를 보기 에서 골라 　　　　에 쓰세요.

보기

학생1 할머니 휴대 전화에 번호를 저장해 드리면서 할머니의 첫 번째, 네 번째 사위는 각각 '맏사위', '막냇사위'라고 입력했지만, 두 번째, 세 번째 사위를 구별하여 가리키는 단어가 없어 '둘째 사위', '셋째 사위'라고 입력했다.

학생2 '꿩'에 대한 보고서를 작성할 때 꿩의 하위어로 수꿩에 해당하는 '장끼'와 암꿩에 해당하는 '까투리'는 알고 있었지만, 꿩의 새끼를 나타내는 단어를 몰라 국어사전에서 고유어 '꺼병이'를 찾아 사용했다.

학생3 태양계의 행성을 가리키는 어휘 체계인 '수성-금성-지구-화성…'을 조사하면서 '금성'의 고유어로 '샛별'과 '개밥바라기'가 있음을 알았는데, '개밥바라기'라는 단어는 생소하여 '샛별'만을 기록했다.

바른 독서 습관을 익혀요

❖ 친구들의 독서 습관에 관한 다음 그림을 잘 보고 물음에 답하세요.

문제 • 1~2   정답과 도움글 • 121쪽

여러 가지 책을 **꾸준히** 읽어요.

책을 읽고 친구들과 함께 이야기를 나눠요.

읽은 책의 주제와 관련된 책들을
더 찾아서 읽어요.

읽은 날짜, 제목, 글쓴이, 줄거리,
느낀 점 등을 적어요.

1 꾸준히라는 말이 <u>어색하게</u> 사용된 문장을 찾아 쓰세요. (   )

① **꾸준히** 연습한 보람이 있다.

② 아버지는 한 길만을 **꾸준히** 걸어 오셨다.

③ **꾸준히** 추적한 끝에 결국 범인을 잡았다.

④ 그녀는 환경 문제의 심각성을 **꾸준히** 제기해 왔다.

⑤ 운동은 매일 조금씩이라도 **꾸준히** 하는 것이 효과적이다.

2 친구들의 독서 습관을 살펴보고 그 때문에 생기는 좋은 점을 줄로 이으세요.

(1) 여러 가지 책을 꾸준히 읽는다. •　　•　㉠ 주제에 대한 이해가 깊어진다.

(2) 친구들과 함께 읽은 책 내용에 대해 이야기를 나눈다. •　　•　㉡ 다른 사람의 생각을 들으면서 사고가 넓어진다.

(3) 읽은 책의 주제와 관련된 책을 더 찾아서 읽는다. •　　•　㉢ 자기가 읽은 책에 대해 쉽게 찾아보고 기억할 수 있다.

(4) 책을 읽은 날짜, 제목, 글쓴이, 줄거리, 느낀 점 등을 적는다. •　　•　㉣ 독서 취향이 한쪽으로만 치우치지 않고 여러 주제에 관심을 갖게 된다.

여러 가지 방법으로 읽어요

❖ 글 읽는 방법에 대한 내용을 잘 읽고 물음에 답하세요. 문제·1~2 정답과 도움글·122쪽

글을 읽을 때는 글의 종류에 따라 읽기 방법을 다르게 하는 것이 좋습니다.

설명하는 글을 읽을 때는 설명 대상이 무엇인지, 대상의 무엇을 설명하는지 생각하며 읽습니다. 주장하는 글을 읽을 때는 글쓴이의 주장을 파악하고 그 주장을 뒷받침하는 근거는 무엇인지, 주장을 뒷받침하는 근거로 적합한지 생각하며 읽습니다.

또, 읽는 목적에 따라서 읽는 방법을 달리하기도 합니다. 알고 싶은 내용을 찾을 때는 제목을 먼저 읽고 필요한 내용이 있을지 생각합니다. 글 전체를 훑으면서 알고자 하는 내용을 포함하는 중요한 낱말이 있는지 찾으며 읽습니다. 자세한 내용을 알고 싶을 때는 필요한 내용을 찾으며 꼼꼼히 읽습니다. 중요한 내용이나 그것을 뒷받침하는 내용을 빠뜨리지 않고 읽습니다.

1 앞글을 바탕으로 적절한 읽기 방법을 찾아 줄로 이으세요.

(1) 전자 제품 사용 방법에 대해 알아보자.

(2) 학생에게 교복이 왜 필요한가?

(3) 사형 제도는 폐지해야 한다.

(4) 떡볶이 만드는 순서를 알아보자.

㉠ 설명 대상이 무엇인지, 대상의 무엇을 설명하는지 생각하며 읽는다.

㉡ 글쓴이의 주장과 그 주장을 뒷받침하는 근거를 파악하며 읽는다.

2 읽는 목적에 따른 읽기 방법에 대한 설명에서　　　　에 알맞은 말을 쓰세요.

알고 싶은 내용을 찾을 때 ┈▶ 훑어 읽기

(1)　　　　을 먼저 읽고, 필요한 내용을 찾는다.

중요한 (2)　　　　을 읽으며 필요한 내용을 찾는다.

자세한 내용을 알고 싶을 때 ┈▶ 꼼꼼히 읽기

필요한 (3)　　　　을 찾으며 읽는다.

(4)　　　　한 내용이나 (5)　　　　하는 내용을 꼼꼼히 읽는다.

독서를 통해 의사소통해요

❖ **다음 글을 잘 읽고 물음에 답하세요.** 〔문제·어휘/ 이해/ 응용〕 〔정답과 도움글·122~123쪽〕

㉮

1 매개 둘 사이에서 양편의 관계를 맺어 줌.

독서는 글쓴이와 읽는 이가 문자 언어를 매개[1]로 상호 작용하는 의사소통 행위이다. 독서를 통한 의사소통이란, 저자가 글로 구성한 메시지를 독자가 주체적으로 사고하여 이해하는 것이라 할 수 있다.

㉯

2 단서 어떤 문제를 해결하는 방향으로 이끌어 가는 일의 첫 부분.

독서를 통한 의사소통 과정은 저자가 독자의 독서 과정을 염두에 두고 글을 작성할 때부터 시작된다. 저자는 글을 작성하기 전에 독자의 사전 지식과 관심 등을 예측하고, 독자에게 도움이 될 만하다고 판단하는 내용을 글감으로 선정한다. 그리고 이를 고려하여 글을 통해 정보를 제공하거나 자신의 생각을 전달한다. 글을 쓸 때 저자는 독자가 알고 있을 것 같은 내용을 생략하기도 한다. 또한 주제를 효과적으로 전달할 의도를 가지고 일부러 내용을 숨기는 경우도 있는데, 이렇게 숨겨진 정보를 독자들이 추론할 수 있도록 다양한 방식으로 단서[2]를 제공하기도 한다. 다시 말해 저자는 독자의 독서 과정을 끊임없이 의식하며 글을 쓰고 의사소통하는 것이다.

다 그렇다면 독자는 저자와 어떤 방식으로 의사소통하는 것일까? 독자는 저자가 전하는 메시지를 이해하며 글의 주제를 파악하는 것으로 저자와의 의사소통에 응한다. 글을 읽으며 지식이나 정보를 새로 습득하기도 하고, 자신이 가졌던 의문점을 해소하기도 한다. 또한 글에 숨겨진 내용이나 저자의 의도를 추론하며 깊이 있게 글을 이해하고자 노력한다. 이렇게 이해한 내용을 바탕으로 저자의 생각에 공감하거나 저자의 생각을 비판하기도 한다. 나아가 독서를 하며 새로 생긴 의문점을 해소하기 위해 다른 글을 찾아 읽는 등 독서 활동을 확장하기도 한다. 이러한 의사소통 과정을 통해 독자는 자신의 배경지식과 독해 능력, 독서 태도 등에 따라 글의 의미를 재구성하게 된다. 즉, 독자는 저자가 전달하려는 메시지를 단순히 이해하는 것에서 그치지 않고 능동적으로 의사소통 과정에 참여하는 것이다.

1 독서는 한자로 '讀書'라고 써요. '讀'은 '읽을 독' 자이고 書는 '글 서' 자예요. 읽기 방식을 나타내는 다음 한자어를 뜻에 맞게 줄로 이으세요.

(1) 낭독
朗 소리 높이 랑, 讀 읽을 독

•　　　　　•

㉠ 뜻을 새기며 자세히 읽음.
예 그 책은 내용이 어렵기 때문에 천천히 ○○해야 한다.

(2) 정독
精 정성 정, 讀 읽을 독

•　　　　　•

㉡ 처음부터 끝까지 훑어 읽음.
예 삼국지를 세 번이나 ○○했다.

(3) 통독
通 통할 통, 讀 읽을 독

•　　　　　•

㉢ 책 따위를 빠른 속도로 읽음.
예 그는 시간이 없는지 ○○으로 책을 읽어 내려간다.

(4) 속독
速 빠를 속, 讀 읽을 독

•　　　　　•

㉣ 글을 소리 내어 읽음.
예 회견문 ○○이 끝나자 곧 질문과 토론이 시작되었다.

2 염두가 바르게 쓰이지 <u>않은</u> 문장을 고르세요. (   )

① 그 광경이 **염두**를 떠나지 않는다.

② 선생님의 말이 **염두**에 떠올랐습니다.

③ 스포츠를 즐길 때에는 항상 안전을 **염두**해야 한다.

④ 그는 자신의 후계자로 사위를 **염두**에 두고 있었다.

⑤ 이 작품을 쓰는 동안 나는 굳이 독자를 **염두**에 두지 않았다.

3 밑줄 친 말과 비슷한 뜻의 말에 ○ 표 하세요.

(1) 독자에게 도움이 될 만하다고 판단하는 내용을 글감으로 <u>선정한다</u>.

(뽑는다 / 살핀다)

(2) 자신이 가졌던 의문점을 <u>해소하기도</u> 한다.

(풀어내기도 / 남기기도)

1 앞의 글을 읽고 내용에 맞도록 □에 알맞은 말을 쓰세요.

> 독서를 통한 의사소통이란, ☐☐ 가 구성한 메시지를 ☐☐ 가 주체
> 적으로 사고하여 이해하는 것이다.

2 독서를 통한 의사소통 과정에서 저자의 입장에 해당하면 '저', 독자의 입장에 해당하면 '독'이라고 쓰세요.

(1) 대상의 사전 지식과 관심을 예측한다.

(2) 글에 내용에 대해 공감하기도 하고 비판하기도 한다.

(3) 전하려는 메시지를 이해하며 글의 주제를 파악한다.

(4) 알고 있을 것 같은 내용을 생략하기도 한다.

(5) 글을 읽으며 지식이나 정보를 새로 습득한다.

(6) 도움이 될 만하다고 판단하는 내용을 글감으로 선정한다.

1 앞글 내용을 참고하여 다음 글을 읽고 반응한 내용으로 옳지 <u>않은</u> 것을 고르세요. (   )

자산의 바다 안에는 ㉠물고기의 종류가 아주 풍부한데 이름을 아는 사람이 적으니 ㉡두루 잘 알고 있는 사람이 이를 살펴야 할 것이다. 나는 이에 널리 섬사람들을 찾아다니며 지인의 도움을 받아 《자산어보》라는 책을 완성했다. ㉢물고기 이외에도 바다의 날짐승과 해초류까지 언급하여 ㉣후대 사람들이 참고할 만한 자료로 삼았다. 다만 그 이름을 듣지 못하였거나, ㉤이름을 고증할 수 없는 것이 많았다. 그래서 단지 민간에서 부르는 이름에 의지할 수밖에 없었고, 상스러워 읽을 수 없는 것은 그때마다 감히 이름을 새로 지었다.

— 정약전, 《자산어보》 서문

《자산어보》 : 1814년 조선 후기의 학자인 정약전이 흑산도에 귀양 가 있는 동안 지은 책. 흑산도 주변 수산물을 종별로 분류하고 이름과 형태 등을 자세히 관찰해 기록했다.

① ㉠ : 저자가 독자의 사전 지식을 예측하고 있군.
② ㉡ : 저자가 자신의 생각을 독자에게 전달하고 있네.
③ ㉢ : 저자가 독자에게 정보를 제공하고 있어.
④ ㉣ : 저자는 이 책 내용이 독자에게 도움이 될 것이라고 판단했어.
⑤ ㉤ : 저자가 주제를 효과적으로 전달하고자 일부러 내용을 숨겼어.

2 앞글을 바탕으로 다음 글의 '실험 결과'가 나타난 이유를 추측한 내용으로 적절한 것을 고르세요. (　　)

> 심리학자 바틀렛은 관심사가 다른 학생들을 대상으로 '인디언 전설'을 읽게 한 후, 시차를 달리하여 여러 번 그 내용을 회상하게 하는 실험을 진행했다. 실험 결과, 실험에 참가한 학생들은 원문의 내용을 각자 자기 나름대로 이해한 후 서로 다르게 기억해 내는 특징을 보였다.

① 독해 능력은 같은 글을 반복하여 읽을수록 향상될 수 있기 때문이다.

② 배경지식에 따라 글의 이해와 재구성 내용이 달라질 수 있기 때문이다.

③ 능동적으로 의사소통을 하려면 글을 여러 번 읽을 필요가 있기 때문이다.

④ 독서 태도가 달라도 시간이 지나면 얻는 정보의 양은 비슷해지기 때문이다.

⑤ 독자가 저자의 메시지를 이해하기 위해 자신이 이해한 내용을 다른 독자와 공유하기 때문이다.

3 다음은 학생이 독서 후 작성한 글의 일부예요. 앞글 (다) 문단에서 설명하고 있는 내용 ⑦~⑩ 중, 이 부분에 나오지 않은 내용은 무엇인지 찾아 ▢▢▢에 쓰세요.

> 음악 시간에 베토벤의 〈엘리제를 위하여〉를 들었다. 많이 들어 본 음악인데, 베토벤의 곡인지 몰랐다. 베토벤이 어떤 음악가인지 궁금해서 책을 찾아 읽었다.
> 〈엘리제를 위하여〉의 정식 명칭은 〈피아노 독주를 위한 바가텔 59번 A 단조〉라고 한다. 바가텔은 '가벼운 피아노 소곡'이라는 뜻이다. 바가텔이라는 말은 처음 들었는데 이 책을 읽고 알게 되었다. 곡에 대한 설명에 이어서 베토벤의 생애에 관한 뒷부분도 읽었다. 베토벤이 어떤 음악가인지 잘 알 수 있었다. 베토벤은 청각을 잃은 절망적인 상황에서도 운명에 맞서 싸우며 음악을 계속했다. 이때 〈운명〉 같은 유명한 곡이 나왔다. 자신의 처지에 절망하지 않고 자신이 좋아하는 일을 했기에 명작이 탄생했음을 알게 되었다. 나도 내가 좋아하는 일이 무엇인지 찾고, 어떠한 어려움이 있더라도 포기하지 말고 열심히 해야겠다는 생각을 했다. 그리고 〈운명 교향곡〉에 대해 더 알아보고 싶어졌다.

독자는 저자가 전하는 메시지를 이해하며 글의 주제를 파악하는 것으로 저자와의 의사소통에 응한다. ⑦글을 읽으며 지식이나 정보를 새로 습득하기도 하고, ⑥자신이 가졌던 의문점을 해소하기도 한다. 또한 글에 숨겨진 내용이나 저자의 의도를 추론하며 깊이 있게 글을 이해하고자 노력한다. 이렇게 이해한 내용을 바탕으로 ⑥저자의 생각에 공감하거나 ⑧저자의 생각을 비판하기도 한다. 나아가 독서를 하며 새로 생긴 의문점을 해소하기 위해 다른 글을 찾아 읽는 등 ⑩독서 활동을 확장하기도 한다.

문장 호응에 대해 알 수 있어요

❖ 그림의 상황을 잘 보고 물음에 답하세요. 문제·1~2 정답과 도움글·123쪽

1 왼쪽 항목에서 자연스러운 문장에 ○ 표 하고, 선을 따라 이은 다음 어떤 호응인지 알아보세요.

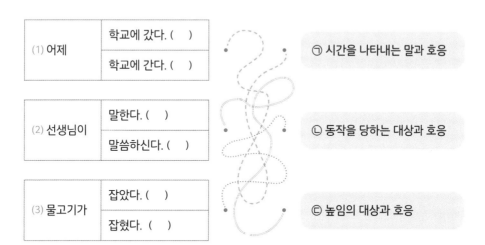

| (1) 어제 | 학교에 갔다. (　) |
| | 학교에 간다. (　) |

| (2) 선생님이 | 말한다. (　) |
| | 말씀하신다. (　) |

| (3) 물고기가 | 잡았다. (　) |
| | 잡혔다. (　) |

㉠ 시간을 나타내는 말과 호응

㉡ 동작을 당하는 대상과 호응

㉢ 높임의 대상과 호응

2 호응에 대해 생각하며 다음 대화의 문장을 바르게 고치세요.

(1) 어제 비가 너무 많이 와서 우산을 가지고 갈 거야.

(2) 우리 할머니가 떡을 줘서 아버지께 가져다줬어.

(3) 지금 비와 바람이 심하게 불어.

(4) 나는 동생보다 키와 몸무게가 더 무거워.

문장 성분을 이해해요

❖ 문장 성분에 대한 다음 글을 읽고 물음에 답하세요. 문제•1~3 정답과 도움글•124쪽

주어는 동작이나 상태의 주체가 되는 말로, 문장에서 '무엇이', '누가'에 해당하는 부분입니다. 서술어는 주어의 움직임, 상태, 성질 따위를 풀이하는 말로 문장에서 '무엇이다', '어찌하다', '어떠하다'에 해당하는 부분입니다. 목적어는 동작의 대상이 되는 말로 문장에서 '무엇을'에 해당하는 부분입니다.

문장 성분에는 꼭 있어야 문장이 성립되는 것들이 있습니다. 그리고 문장에서 앞에 어떤 말이 오고 짝인 말이 뒤따라오는 것을 '호응'이라고 합니다. 호응이 되지 않으면 문장이 어색해지거나, 전달하려는 뜻이 잘못 전해질 수 있습니다.

문장의 호응에는 시제의 호응, 높임의 호응, 동작을 당하는 대상과의 호응 등이 있습니다. 또한 "숲속에서 다람쥐와 새가 지저귑니다."라는 문장에서 서술어인 '지저귑니다'는 주어인 '새'와는 호응이 되지만, 다람쥐와는 호응이 되지 않습니다. "숲속에서 다람쥐가 뛰어놀고 새가 지저귑니다."라고 써야 합니다.

말이(누가) — 주어

당근을(무엇을) — 목적어

먹는다(어찌하다) — 서술어

1 앞글의 내용을 바탕으로 다음 문장의 □에 적절한 말을 쓰세요.

　　　　는 동작이나 상태의 주체가 되는 말이다. 　　　　는 주어
의 움직임, 상태, 성질 따위를 풀이하는 말이다. 　　　　는 동작의 대
상이 되는 말이다.

2 다음 문장에 나타난 호응의 종류를 줄로 이으세요.

(1) 할아버지께서 주무신다.　•　　•　⊙ 시간을 나타내는 말과 호응

(2) 물고기가 낚싯줄에 걸렸다.　•　　•　ⓒ 동작을 당하는 대상과 호응

(3) 내일 친구를 만날 거야.　•　　•　ⓒ 높임의 대상과 호응

3 다음 문장을 바르게 고치고 정확하지 <u>않은</u> 이유를 쓰세요.

(1) 투수가 던졌다. ⇨

이유 :

(2) 그는 물 한 병을 사서 목마름과 허기를 채웠다.

⇨

이유 :

필수 문장 성분을 이해해요

❖ **다음 글을 잘 읽고 물음에 답하세요.** 문제·어휘/ 이해/ 응용   정답과 도움글·124~125쪽

㉮
　문법적으로 적절한 문장은 필수적인 문장 성분을 온전히 **갖추어야** 한다. 이때 필수 문장 성분은 서술어에 따라 달라진다. 예를 들어 '풀다'를 서술어로 쓰려면 주어와 목적어가 필요하다. 따라서 다른 설명이나 상황이 주어지지 않는다면 '나는 풀었다.'는 문장은 서술어가 필요로 하는 문장 성분이 온전히 갖추어지지 않아서 문법적으로 부적절한 문장이 된다.

㉯
　서술어가 필요로 하는 문장 성분에 대한 정보는 국어사전에서 확인할 수 있다. 다음은 국어사전의 일부이다.

풀다 동

① 【…을】
「1」 묶이거나 감기거나 얽히거나 합쳐진 것 따위를 그렇지 아니한 상태로 되게 하다.
⋮
「5」 모르거나 복잡한 문제 따위를 알아내거나 해결하다.

② 【…에 …을 】
「1」 액체에 다른 액체나 가루 따위를 섞다.

【 】기호 안에는 표제어 '풀다'가 서술어로 쓰일 때 필요로 하는 문장 성분에 대한 정보가 제시되어 있다. 이러한 정보를 '문형 정보'라고 한다. 원칙적으로 서술어는 주어를 항상 필요로 하므로 문형 정보에는 주어를 제외한 필수 문장 성분에 대한 정보가 제시된다. 하나의 단어가 여러 의미를 지니기도 한다. 이러한 단어가 서술어로 쓰일 때 어떤 의미로 쓰이는지에 따라 서술어가 필요로 하는 문장 성분이 다를 수 있으며, 국어사전에서도 문형 정보가 다르게 제시된다.

다

필수 문장 성분이 갖추어져 있어도 문장 성분 간에 호응이 되지 않으면 문법적으로 부적절한 문장이 될 수 있다. 호응이란, 어떤 말이 오면 거기에 응하는 말이 오는 것을 말한다.

라

> 길을 걷다가 흙탕물이 신발에 튀었다. 나는 신발에 얼룩을 남기고 싶지 않았다. 그래서 나는 물에 세제와 신발을 풀었다. 다행히 금세 자국이 없어졌다.

이 예시글에서 밑줄 친 문장이 문법적으로 부적절한 이유는 ㉠ 와 서술어가 호응하지 않기 때문이다. 여기에 쓰인 '풀다'의 ㉠ 로는 ㉡ 이 와야 호응이 이루어진다.

1 문장 성분에 대한 다음 설명에서 □에 들어갈 말을 보기 에서 골라 쓰세요.

보기   주어   부사어   수식어   표준어   목적어

문장 성분은 한 문장을 구성하는 요소들을 말합니다. 주성분은 문장의 골격을 이루는 성분으로   , 서술어,   , 보어가 있습니다.

부속 성분은 주로 주성분의 내용을 수식하는 성분으로, 관형어와   가 있습니다.

2 가 문단의 **갖추다**가 들어간 문장에서 어색한 것을 고르세요. (   )

① 우리가 먼저 **갖추는** 것이 필요합니다.

② 그녀는 정해진 양식을 **갖추어** 서류를 제출했다.

③ 우리 회사는 자체 생산 공장도 **갖추고** 있습니다.

④ 등산 장비를 제대로 **갖추지** 않고 암벽을 오르는 것은 위험합니다.

⑤ 관광 유람선들이 구명복을 충분히 **갖추지** 않은 것으로 밝혀졌다.

3 다음 문장을 보고 알맞은 문장 성분을 쓰세요.

형은   라면에   계란을   풀었다.

(1)   (2)   (3)   (4)

1 앞글의 **나** 문단에 나오는 '풀다'가 사전적 의미인 1과 2 가운데 어떤 뜻으로 쓰였는지 문단을 참고하여 알맞게 줄로 이으세요.

(1) 선물 보따리를 풀다. •

(2) 끓는 물에 된장을 풀다. •

                               • 1

(3) 궁금증을 풀다. •

                               • 2

(4) 팔레트에 물감을 풀다. •

2 **라** 문단의 밑줄 친 문장을 바르게 고칠 때 □에 적절한 말을 쓰세요.

그래서 나는 물에   신발을   .

3 앞글을 읽고 다음 글의 □에 알맞은 말을 찾아 쓰세요.

【 】기호 안에는 표제어 '풀다'가 서술어로 쓰일 때 필요로 하는 문장 성분에 대한 정보가 제시되어 있다. 이러한 정보를   라고 한다.

1 국어사전에 쓰이는 【 】기호에 대한 설명으로 맞지 <u>않은</u> 것을 고르세요. (　　)

① 표제어가 서술어로 쓰일 때 필요로 하는 문장 성분에 대해 알려 준다.

② '문형 정보'가 제시되어 있다.

③ 문형 정보에는 주어를 포함한 필수적 문장 성분이 제시된다.

④ 의미에 따라 서술어가 필요로 하는 문장 성분이 다른 경우도 있다.

⑤ 【…에 …을 】이라는 표시는 필수적인 문장 성분으로, 부사어와 목적어가 필요하다는 뜻이다.

2 🕒 문단을 이해한 내용으로 적절하지 <u>않은</u> 것을 고르세요. (　　)

① ②-「1」의 의미로 쓰이는 '풀다'는 부사어를 필요로 한다.

② 문형 정보에 주어가 표시되지 않았지만 '풀다'는 주어를 필요로 한다.

③ ①-「1」과 ②-「1」의 의미로 쓰이는 '풀다'는 모두 목적어를 필요로 한다.

④ '풀다'가 ①-「1」의 의미로 쓰일 때와 ①-「5」의 의미로 쓰일 때는 필수적 문장 성분의 개수가 같다.

⑤ '그는 십 분 만에 선물 상자의 매듭을 풀었다.'에 쓰인 '풀다'의 문형 정보는 사전에 '【…에 …을 】'로 표시된다.

3 🔁 문단의 ㉠과 ㉡에 들어갈 말로 적절한 것을 고르세요. (　　)

	㉠	㉡
①	목적어	액체나 가루 따위에 해당하는 말
②	목적어	복잡한 문제 따위에 해당하는 말
③	서술어	액체에 해당하는 말
④	주어	복잡한 문제 따위에 해당하는 말
⑤	주어	액체에 해당하는 말

사회

1

1단계	그림과 함께 읽기	외교 관계를 이해해요
2단계	초등 교과서 읽기	병자호란에 대해 알 수 있어요 사회 5-2 〈병자호란이 일어난 과정〉
3단계	수능형 지문 읽기	척화론과 화친론을 이해해요 2022년 고3 학력 평가 〈병자호란 척화론〉

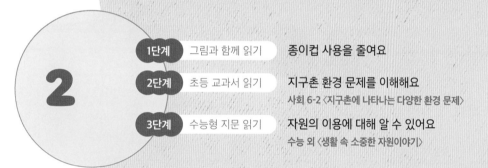

2

1단계	그림과 함께 읽기	종이컵 사용을 줄여요
2단계	초등 교과서 읽기	지구촌 환경 문제를 이해해요 사회 6-2 〈지구촌에 나타나는 다양한 환경 문제〉
3단계	수능형 지문 읽기	자원의 이용에 대해 알 수 있어요 수능 외 〈생활 속 소중한 자원이야기〉

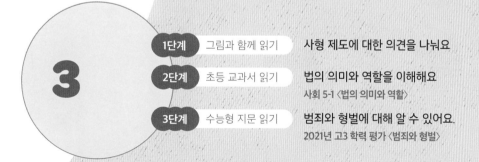

3

1단계	그림과 함께 읽기	사형 제도에 대한 의견을 나눠요
2단계	초등 교과서 읽기	법의 의미와 역할을 이해해요 사회 5-1 〈법의 의미와 역할〉
3단계	수능형 지문 읽기	범죄와 형벌에 대해 알 수 있어요. 2021년 고3 학력 평가 〈범죄와 형벌〉

1단계

그림과
함께
읽기

외교 관계를 이해해요

❖ 다음 그림을 잘 보고 물음에 답하세요. 문제•1~3 정답과 도움글•125쪽

광해군은 명의 원군 요청과 후금(청) 사이에서 어느 편도 들지 않는 중립 외교를 펼치는 것이
조선 백성을 위해 최선이라고 생각했어요.

광해군의 뒤를 이은 인조는 명나라와 친하게 지내고 후금을 배척하는 친명배금의 외교 정책을 펼쳤어요.

1 앞의 그림을 잘 보고 중립 외교에 대한 다음 설명에서 □에 적절한 말을 쓰세요.

중립 외교란, 한 나라에 치우치지 아니하고 각 나라에 같은 비중을 두는 외교를 말합니다. 광해군은　　□　　과　　□　　사이에서 어느 한쪽의 손을 들어주지 않고 조선의 사정에 맞춰 실질적인 이익을 얻으려는 외교 정책을 실행했습니다.

2 다음 설명을 읽고 □에 적절한 말을 쓰세요.

'정묘호란'에서 호(胡)는 오랑캐라는 뜻으로 정묘년(1627년)에 후금(청나라)이 쳐들어와서 일어난 난리를 말합니다. 병자년(1636년)에 청나라가 조선을 침략해 일으킨 난은　　□　　이라고 합니다.

3 '친명배금'의 한자 풀이를 보고 □에 알맞은 말을 쓰세요.

親　　　明　　　排　　　金

친할 친　　　명나라 명　　　밀칠 배　　　금나라 금

　　□　　를 가까이 하고, 　　□　　를 멀리하는 정책을 말합니다.

병자호란에 대해 알 수 있어요

❖ **병자호란의 전개 과정에 대한 다음 글을 읽고 물음에 답하세요.**

문제•1~3   정답과 도움글•125쪽

　후금은 세력을 더욱 키워 나라 이름을 '청'으로 고치고 정묘호란 때 맺은 '형제의 관계'를 '임금과 신하의 관계'로 바꾸자고 했습니다. 조선에서는 청의 요구를 거절하고 싸워 물리쳐야 한다는 의견과, 외교적인 노력으로 문제를 해결해야 한다는 의견이 대립했습니다.

　무력으로 싸워 물리쳐야 한다는 의견을 받아들인 조선이 청의 요구를 거절하자 청은 조선을 다시 침입했습니다. 이것이 병자호란입니다. 인조는 남한산성으로 피신해 청에 맞서 싸웠지만 남한산성에는 전쟁 준비가 되어 있지 않았고 군과 백성이 먹을 식량도 부족했습니다. 이때 성안의 신하들은 청군과 끝까지 싸워야 한다는 견해와, 싸움을 멈추고 화해하자는 견해로 나뉘어 있었습니다. 하지만 상황이 점점 불리해져서 강화도가 함락되고 피란을 가 있는 왕족과 대신까지 포로로 잡혔습니다. 결국 인조는 남한산성에서 나와 삼전도에서 청태종에게 항복했습니다.

1 앞글을 잘 읽고 다음 내용에서 □에 알맞은 말을 쓰세요.

후금은 　　　　　　　　 을 일으켜 조선과 형제의 관계를 맺었습니다. 이후 세력이 더 커진 후금은 이름을 청으로 바꾸고 다시 조선을 쳐들어왔습니다. 이것이 　　　　　　　　 입니다.

2 앞글의 내용으로 맞지 <u>않는</u> 것을 고르세요. (　　　)

① 후금은 나라 이름을 청으로 바꿨다.
② 청은 조선과 형제의 관계를 맺자고 요구했다.
③ 조선이 청의 요구를 거절하자 청은 조선을 다시 침략했다.
④ 인조는 남한산성으로 피신했으며, 왕족과 일부 신하들은 강화도로 피신했다
⑤ 인조는 남한산성에서 나와 삼전도에서 청 태종에게 항복했다.

3 청나라의 요구에 조정 신하들의 의견은 둘로 나뉘었어요. 어느 신하의 의견이 받아들여졌을까요? 두 신하의 의견을 읽고 　　　　　　 에 이름을 쓰세요.

김상현 : 왕세자를 인질로 보내고 항복하라는 청의 요구는 너무 치욕적입니다. 절대 받아들이면 안 됩니다.

최명길 : 일단 청의 의견을 들어 청의 화를 누그러뜨리고 이후 우리의 힘을 기르는 방법을 생각해 보아야 합니다.

척화론과 화친론을 이해해요

❖ 다음 글을 잘 읽고 물음에 답하세요. 문제 • 어휘/이해/응용 정답과 도움글 • 126쪽

가

병자호란 당시 청이 조선에 제시한 강화 조건은 조선이 ㉠고수해 왔던 명에 대한 의리를 부정하는 내용으로 채워져 있었다. 이에 척화론자들은 대명 의리[1]를 지켜야 하므로 청과의 화친[2]은 불가하다고 했다. 당대인들은 조선과 명을 군신(君臣)[3]이자 부자(父子)의 의리가 있는 관계로 보았고, 특히 임진왜란 때 명의 지원을 받은 후 명에 대한 의리는 누구도 부정할 수 없는 보편적 규범으로 인식되었다. 척화론자들은 불의로 보존된 나라는 없느니만 못하다고까지 하면서 척화론을 고수했다. 이때 이들이 우려한 것은 명의 ㉡문책이라기보다는 대명 의리라는 보편적 규범의 포기에 따르는 도덕 윤리의 ㉢붕괴였다고 할 수 있다. 척화론은 실리[4]의 문제를 초월한 의리의 차원에서 당시뿐 아니라 후대에도 광범위한 지지를 받았다.

1 대명 의리 명나라에 대한 의리.

2 화친 나라와 나라 사이에 다툼 없이 가까이 지냄.

3 군신 임금과 신하.

4 실리 실제로 얻는 이익.

나

반면 최명길 등의 주화론자들은 나라를 보전하기 위해 강화 조건을 받아들여야 한다고 주장했다. 최명길도 대명 의리가 정론(正論)임을 인정하였고, 강화가 성립된 후에도 대명의리를 계속 강조했다. 그럼에도 그는 여러 논거를 들어 청과의 화친이 합당

한 판단임을 주장했다. 우선 그는 척화론자들의 '나라 ㉣존망을 헤아리지 않는 의리'를 비판했다.

㉰

5 후진 936년 석경당이 후당을 멸망시키고 중국 대륙에 세운 나라.

중국 후진[5]의 고조는 제위에 오를 때, 이민족 거란이 세운 요나라의 힘을 빌리며 신하가 되기를 자처했다. 그런데 다음 황제 때에 신하 경연광이 요의 신하라고 칭하는 것을 그만두자는 강경론을 주도했고, 결국 이 때문에 요가 침입해 후진은 멸망했다. 이에 대해 유학자 호안국은 천하 인심이 오랑캐에게 굽힌 것을 불평하고 있었으니 한번 후련히 설욕하고자 한 심정은 이해하지만 정치적 대처에서 나라를 망하게 한 죄는 ㉤속죄될 수 없다고 경연광을 비판했다.

㉱

6 조공 종속국이 종주국에 때를 맞추어 예물을 바치던 일. 또는 그 예물.

7 《춘추》 유학의 다섯 경전인 오경의 하나로, 공자가 연대순으로 기록한 역사책.

최명길은 호안국의 주장을 인용하며 신하가 나라를 망하게 하면 그 일이 바르다 해도 죄를 피할 수 없다고 했다. 그리고 최명길은 조선이 명으로부터 중국 내의 토지를 받은 직접적인 신하가 아니라 해외에서 조공[6]을 바치는 신하일 뿐이기 때문에 명을 위해 멸망까지 당할 의리는 없으며 조선의 임금은 백성과 사직을 보전할 책임도 있다고 주장했다. 또한 《춘추》[7]에 따르면 신하는 먼저 자기 자신의 임금을 위해야 하므로, 조선의 신하가 명을 위하여 조선을 망하게 하면 안 되는 것이 마땅한 의리라고 했다.

1 다음 단어들과 맞는 뜻을 찾아 줄로 이으세요.

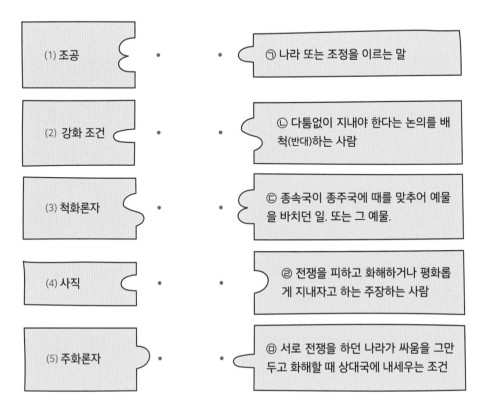

(1) 조공 •

(2) 강화 조건 •

(3) 척화론자 •

(4) 사직 •

(5) 주화론자 •

• ㉠ 나라 또는 조정을 이르는 말

• ㉡ 다툼없이 지내야 한다는 논의를 배척(반대)하는 사람

• ㉢ 종속국이 종주국에 때를 맞추어 예물을 바치던 일. 또는 그 예물.

• ㉣ 전쟁을 피하고 화해하거나 평화롭게 지내자고 하는 주장하는 사람

• ㉤ 서로 전쟁을 하던 나라가 싸움을 그만두고 화해할 때 상대국에 내세우는 조건

2 ㉠~㉤의 사전적 의미로 적절하지 <u>않은</u> 것을 고르세요. (　　)

① ㉠고수 : 차지한 물건이나 형세 따위를 굳게 지킴.
② ㉡문책 : 자신의 잘못에 대하여 스스로 깊이 뉘우치고 자신을 책망함.
③ ㉢붕괴 : 무너지고 깨어짐.
④ ㉣존망 : 존속과 멸망 또는 생존과 사망을 아울러 이르는 말.
⑤ ㉤속죄 : 지은 죄를 물건이나 다른 공로 따위로 비겨 없앰.

1 최명길은 중국 후진의 예를 들어 자신의 의견을 주장하고 있어요. 앞글의 내용에 맞게 □에 알맞은 말을 쓰세요.

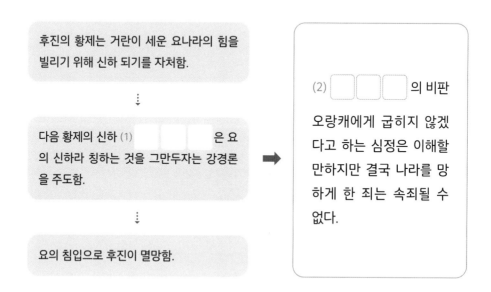

후진의 황제는 거란이 세운 요나라의 힘을 빌리기 위해 신하 되기를 자처함.

⋮

다음 황제의 신하 (1) □□□ 은 요의 신하라 칭하는 것을 그만두자는 강경론을 주도함.

⋮

요의 침입으로 후진이 멸망함.

➡

(2) □□□ 의 비판

오랑캐에게 굽히지 않겠다고 하는 심정은 이해할 만하지만 결국 나라를 망하게 한 죄는 속죄될 수 없다.

2 최명길은 주화론자로 청의 조건을 받아들여야 한다고 주장했는데, 그 근거로 적합하지 <u>않은</u> 것을 고르세요. (　　)

① 조선의 임금은 백성과 사직을 보전할 책임도 있다

② 나라를 망하게 하면 그 일이 바르다 해도 죄를 피할 수 없다.

③ 명에 대하여 의리를 지키지 말고 청과의 의리를 지켜야 한다.

④ 조선은 직접적인 신하가 아니라 해외에서 조공을 바치는 신하일 뿐이다.

⑤ 조선의 신하는 먼저 조선을 위해야 하므로, 명을 위하여 조선을 망하게 하면 안 된다.

1 호안국의 주장을 다음과 같이 정리할 때 _____ 에 들어갈 내용으로 가장 적절한 것을 고르세요. (   )

_____ 결과적으로 나라를 망하게 한다면 비판을 받아 마땅하다.

① 이민족이 세운 나라의 힘에 의존함으로써
② 이민족의 나라에 자존심 없이 신하를 자처함으로써
③ 이민족의 침입에 대해 설욕할 생각을 하지 않음으로써
④ 이민족의 침입을 막을 수 있는 국력을 갖추지 못함으로써
⑤ 이민족의 나라라고 해서 현실적인 고려 없이 적대함으로써

2 다음 의견에서 척화론자의 의견에는 '척' 주화론자의 의견에는 '주'라고 쓰세요.

(1) 의리도 중요하지만 나라의 존망이 더 중요하다.

(2) 조선과 명은 군신이자 부자의 의리가 있는 관계이다.

(3) 윤리를 저버리고 보존되는 나라는 없느니만 못하다.

(4) 조선의 임금은 나라를 유지하고 백성을 지킬 책임이 있다.

3 다음 내용을 바탕으로 이 글의 '척화론자'와 '주화론자'에 대해 설명한 것으로 옳지 <u>않은</u> 것을 고르세요. (   )

> 도덕적 규범을 구체적인 현실에 적용하여 실천할 때, 보편성과 특수성 사이에서 선택의 문제에 부딪히게 된다. 유학에서는 이런 문제를 '상도(常道)'와 '권도(權道)'로 설명하고 있다. 상도는 일반 상황에서의 원칙론으로서 지속적으로 지켜야 하는 보편적 규범이고, 권도는 특수한 상황에서의 상황론으로서 그 상황에 일시적으로 대응하는 개별적 규범이다.

① 척화론자가 불의한 방법으로 나라를 보존하는 것에 반대한다고 한 것은 도덕 규범에 있어 상황론보다 원칙론을 강조한 것으로 볼 수 있어.

② 척화론자가 포기할 수 없다고 여긴 대명 의리는 당대인들에게 일반 상황에서 지속적으로 지켜야 할 보편적인 규범으로 받아들여졌다고 볼 수 있어.

③ 주화론자가 《춘추》의 내용을 언급하며 신하가 지켜야 할 의리를 논한 것은 상도로서 원칙론을 보여 주기 위한 것이라고 볼 수 있어.

④ 주화론자가 대명 의리가 정론임을 인정하면서도 청과 화친하는 것이 합당하다고 한 것은 상도의 토대 위에서 권도를 활용하고자 한 것으로 볼 수 있어.

⑤ 주화론자가 나라의 보전을 위해 청의 강화 조건을 받아들여야 한다고 주장한 것은 위급한 상황에서 권도를 사용하고자 한 것으로 볼 수 있어.

종이컵 사용을 줄여요

❖ 두 사람의 대화 상황을 잘 보고 물음에 답하세요. 문제•1~3 정답과 도움글•127쪽

1 앞의 그림을 잘 보고 다음 단어들의 관계를 살펴 빈 곳에 알맞은 단어를 쓰세요.

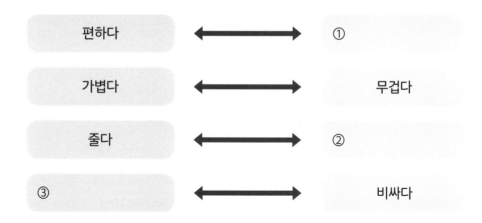

편하다 ⟷ ①

가볍다 ⟷ 무겁다

줄다 ⟷ ②

③ ⟷ 비싸다

2 누나가 바라는 것은 무엇인지 고르세요. (　　)

① 아르바이트를 그만두고 싶다.

② 종이컵을 사용하는 것이 더 좋다.

③ 종이컵 사용하는 사람들은 나쁘다.

④ 개인용 컵을 들고 다니는 사람이 늘면 좋겠다.

⑤ 개인용 컵은 무거우니 가지고 다니지 않는 게 좋다.

3 앞의 그림 내용을 바탕으로 종이컵 사용을 줄여야 하는 이유를 쓰세요.

지구촌 환경 문제를 이해해요

❖ **나우루의 환경 문제에 대한 다음 글을 읽고 물음에 답하세요.**

문제 · 1~3   정답과 도움글 · 127쪽

    나우루 사람들은 2000년 넘게 외부 세계의 영향을 받지 않고 전통 생활 방식을 지키며 평화롭게 살고 있었습니다. 그런데 섬에서 인광석이 발견되면서 한때 일 인당 국민 총소득이 미국의 두 배를 넘었습니다. 나우루 사람들은 호화 주택에 살면서 고칼로리의 수입 식품을 먹고 작은 섬을 고급 승용차로 돌아다녔습니다.

    그러나 무한정 있을 것 같았던 인광석은 30년 만에 바닥을 드러냈습니다. 나우루의 수입은 급격히 줄어들어 사람들의 생활은 금세 어려워졌고, 사람들의 건강 상태도 나빠졌습니다. 나우루의 진짜 비극은 따로 있었습니다. 그동안 파낸 인광석만큼 땅의 높이가 낮아지고 자연환경이 심하게 파괴된 것입니다. 아름다웠던 섬은 온통 상처투성이가 되고 말았습니다.

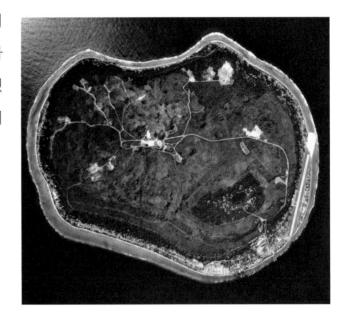

1 바닥을 드러냈다가 적절히 사용되지 <u>않은</u> 문장을 고르세요. (　　)

① 그도 이제 슬슬 **바닥을 드러내는군.**

② 너무 무리를 해서 **바닥을 드러낸** 체력.

③ 통장이 **바닥을 드러내서** 어떻게 살아야 할지 막막하다.

④ 아내는 벌써부터 **바닥을 드러낸** 쌀통을 보고 한숨지었다.

⑤ 중학교 때는 수학 성적이 **바닥을 드러냈습니다.**

2 앞글 내용을 이해하기 위한 활동으로 거리가 <u>먼</u> 것을 고르세요. (　　)

① 나우루는 어느 곳에 있는 섬일까? 지도에서 찾아봐야겠다.

② 인광석은 어떤 광물이지? 인터넷에서 검색해 봐야지.

③ 고칼로리의 수입 식품으로 무얼 먹었는지 조사해 봐야겠어.

④ 이후 나우루는 어떻게 되었을까? 더 알아보고 싶어.

⑤ 무분별한 자원 개발의 다른 사례가 더 있는지 모둠에서 조사해 봐야겠다.

3 다음 내용의 '그런데' 뒤에 올 내용으로 적절한 것을 고르세요. (　　)

남태평양에 있는 지구상에서 가장 작은 섬나라 나우루는 자연의 혜택으로 풍족하게 살아간다. 그런데 _____.

① 주민들은 순박하고 정이 넘친다.

② 무분별한 개발로 점차 자연이 파괴되었다.

③ 인광석이 이 작은 섬나라를 부유하게 만들어 주었다.

④ 관광객들이 점점 많이 와서 더 살기 좋은 곳이 되었다.

⑤ 인구는 1만여 명이고 크기는 울릉도의 3분의 1 정도이다.

자원의 이용에 대해 알 수 있어요

❖ **다음 글을 잘 읽고 물음에 답하세요.** 문제·어휘/이해/응용 정답과도움글·127~128쪽

㉮ 자원이란, 인간 생활을 유지하고 향상시키기 위해 유용하게 이용되는 물질 또는 에너지를 의미한다. 시대와 과학 기술의 발달 단계에 따라 자원의 범위가 바뀔 수 있으나, 일반적으로 광물, 에너지, 삼림, 수산물, 식량 등을 말한다. 자원은 국가 발전의 중요한 원동력이 되고, 자원이 부족하면 다른 나라에서 수입해야 하므로 국가 경쟁력에서 상대적으로 불리하다.

㉯ 한국을 포함한 여러 나라는 경제 규모나 생활 수준에 비해 자원과 에너지를 대량 소비하고 있으며, 현재와 같은 속도로 소비할 경우 석유는 55년, 석탄은 113년, 천연가스는 55년 이후에 고갈될 것으로 전망된다. 특히 광물 자원의 경우 매장량이 한정되어 있다. 우리나라같이 해외 수입 의존도가 높은 나라는 경제적 부담을 안게 된다.

㉰ 우리나라 에너지 소비량은 세계 8위이며, 석유 소비는 9위, 전력 소비량은 8위 규모이다. 우리나라는 에너지의 95.8%를 해외 수입에 의존하고 있어 에너지 안보에 취약한 **수급 구조**로 되어 있다. 총 소비 에너지의 35.2%를 차지하는 석유의 경우, 중

동 수입 비중이 87.9%를 차지하는 실정이다.

라 석유, 유연탄, 우라늄 등 주요 에너지 자원 대부분을 수입하고 있음에도 **불구하고** 1인당 에너지 소비량은 증가하고 있다. 2014년 에너지 수입액은 국가 전체 수입액의 33.1%를 차지하고 있다. 이 금액은 우리나라 주력 수출품인 반도체, 석유 제품 및 자동차의 총 수출액(1,624달러)과 맞먹는다.

마 또한 급속한 산업화와 도시화 과정을 거치며 폐기물 양도 급격히 증가하고 있다. 늘어나는 폐기물 처리 문제를 해결하기 위해서는 매립 및 소각 방식을 탈피한 더 근본적인 해결책이 필요하다. 이에 따라 폐기물 감량 및 재활용 활성화 정책들이 추진되기 시작했다.

바 1995년에 도입된 쓰레기 종량제와 재활용품 분리수거 제도를 통해 폐기물 발생량이 많이 감소하고 재활용률도 높아지고 있지만, 여전히 많은 양의 자원들이 단순 매립 및 소각되는 실정이다. 광물 자원 및 에너지 자원 대부분을 수입하는 우리나라의 경우 자원의 재활용이 더욱 중요하다. 재활용이 가능한 4개 생활 폐기물(플라스틱, 금속, 유리, 종이)의 재활용률을 1%만 높여도 연간 639억 원을 절약하는 경제적 효과가 발생한다.

1 앞글에 나온 **수급 구조**라는 단어에서 '수급'의 뜻을 풀이한 내용이에요. □에 알맞은 말을 쓰세요.

> **수급은** ⬜ **와** ⬜ **을 아울러 이르는 말입니다.**
>
> 예 무엇인가를 사려고 하는 요구와 요구에 따라 물품 따위를 제공하는 것이 수급이다. 수급이 불균형하면 수급 조절이 필요하다.

2 **불구하고**가 바르게 쓰이지 <u>않은</u> 문장을 고르세요. (　　)

① 몸살에도 **불구하고** 출근한다.

② 꾸준히 치료를 받는데도 **불구하고** 좀처럼 좋아지지 않는다.

③ 네가 나를 배신했음에도 **불구하고** 너를 용서할 수 없다.

④ 주위의 만류에도 **불구하고** 그는 새로운 일을 시작했다.

⑤ 과소비 억제 정책에도 **불구하고** 고가 물품의 수입이 매년 증가하고 있다.

3 어려운 낱말들을 쉽게 고친 것 중, 적절하지 <u>않은</u> 문장을 고르세요. (   )

① 자원은 국가 발전의 중요한 **원동력**이 된다. ⇨ 자원은 국가가 발전할 수 있는 중요한 **힘**이 된다.

② 석유는 55년 이후에 **고갈된다.** ⇨ 석유는 55년 이후에 다 **써서 없어진다.**

③ 버려진 자원들을 단순 **매립 및 소각되고** 있다. ⇨ 버려진 자원들을 단순하게 **땅에 묻거나 태운다.**

④ **폐기물 발생량**이 많이 **감소하고** 있다. ⇨ **못 쓰게 된 물건들**을 버리는 양이 줄고 있다.

⑤ 특히 광물 자원의 경우 **매장량이 한정되어** 있다. ⇨ 특히 광물 자원의 경우 **사용할 수 있는 종류가 많지 않다.**

1 앞글의 내용에 맞게 다음 문장의 □에 알맞은 말을 쓰세요.

　　　　　　　이란 인간 생활을 유지하고 향상시키기 위하여 유용하게 이용되는 물질 또는 에너지를 의미한다.

2 앞글의 세부 내용을 바르게 이해하지 <u>못한</u> 것을 고르세요. (　　)

① 광물, 에너지, 삼림, 수산물, 식량 등을 자원이라고 한다.

② 석유, 석탄, 천연가스 중 석탄이 가장 나중에 고갈된다.

③ 자원이 부족하면 다른 나라에서 수입하면 문제가 해결된다.

④ 우리나라는 에너지의 90% 이상을 해외 수입에 의존한다.

⑤ 쓰레기 종량제와 재활용품 분리수거 제도가 효과는 있지만 아직 미흡하다.

3 앞글의 내용을 보충하기 위해 다음 그림과 같은 도표를 추가했어요. 이에 대해 새롭게 알게 된 것을 내용에 맞게 □에 쓰세요.

국내 총 수입액과 에너지 수입 비중

국내 총 수입액 **5,255**억 달러

앞글에서 2014년 에너지 수입액은 국가 전체 수입액의 33.1%를 차지하고 있다고 나와 있습니다. 이 금액은 우리나라 주력 수출품인 반도체, 석유 제품 및 자동차의 총 수출액(1,624달러)과 맞먹는다고만 되어 있는데, 이 도표에는 　　　　　과　　　　　이 정확히 나와 있어서 내용을 이해하는 데 도움을 줍니다. 그리고 수입한 에너지의 종류별 비율도 알 수 있습니다.

1 앞글의 글쓴이가 문제점의 해결 방안으로 제시한 것을 고르세요. ( )

① 반도체, 석유 제품 및 자동차의 총수출액을 높이자.

② 쓰레기 매립과 소각도 환경 오염을 발생시키니 자제하자.

③ 자원은 국가 발전의 중요한 원동력이므로 많이 발굴하자.

④ 플라스틱, 금속, 유리, 종이 들의 재활용을 좀 더 잘할 수 있는 방법을 찾고 실천하자.

⑤ 급속한 산업화와 도시화 과정이 환경을 오염시키므로 농촌 지역 발전을 위해 더 노력하자.

2 앞글을 읽은 독자의 반응으로 적절하지 <u>않은</u> 것을 고르세요. ( )

① 가영 : 이 내용에는 자료와 통계가 많이 나오는데, 언제 자료인지 나와 있지 않아. 통계 자료가 몇 년도 자료인지 확인할 필요가 있어.

② 나리 : 이렇게 수치나 통계가 많은 글은 그래프처럼 시각적 자료가 같이 제시되면 더 이해하기 쉬울 것 같아.

③ 다솜 : 생활 폐기물의 재활용률을 높이기 위해 분리수거만 잘하면 될까? 좀 더 구체적인 실천 방안이 제시되면 좋을 거 같아.

④ 라희 : 1인당 에너지 소비량은 증가하고 있다는 내용을 보니 개인 차원에서 에너지 절약 방법을 찾아보고 싶어.

⑤ 마음 : 식량 자원 이야기를 더 하지 않은 이유는, 이미 독자들이 알고 있을 거라 생각해서 글쓴이가 일부러 생략한 것 같아.

3 공익 광고를 활용해서 반 친구들에게 앞글의 내용을 알리는 캠페인을 하려고 해요. 친구들의 기획을 보고, 적절하지 <u>않은</u> 것을 고르세요. (　　)

 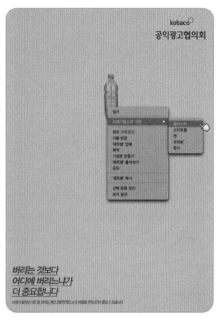

사진 출처 : 한국방송광고진흥공사(KOBACO)

① 가영 : 이 광고들은 다 쓰레기를 잘 분리해서 버리라는 내용이야. 우리가 다 쓴 물건들이 어떻게 재활용되어서 자원이 되는지 잘 보여 주자.

② 나리 : 다 쓴 캔이나 플라스틱을 어떻게 버려야지 재활용이 될 수 있는지 그 방법을 찾아서 더 보충해 주면 좋겠어.

③ 다솜 : 맞아, 플라스틱 병에 붙은 비닐을 다 떼어서 버려야 재활용될 수 있대. 그런 방법들을 같이 설명해 주면 좋겠네.

④ 라희 : 이 광고들을 이용해서 캔이나 플라스틱을 사용하지 말자는 캠페인을 하자. 그래야 우리나라 자원을 절약할 수 있을 거 같아.

⑤ 마음 : 앞의 자료를 이용해서 우리나라가 자원의 해외 의존도가 얼마나 높은지 앞에 제시해 주는 게 좋겠어.

사형 제도에 대한 의견을 나눠요

❖ 다음 그림을 잘 보고 물음에 답하세요. 문제·1~2 정답과 도움글·128쪽

1 앞글의 내용을 읽고 다음 표의 □에 '찬성' 또는 '반대'를 쓰세요.

사형 제도 □□
_____

- 위협을 주어 범죄를 막는 효과가 강함.
- 흉악범의 생명을 빼앗는 것은 사회 정의에 맞음.
- 일반 국민의 생명은 흉악범의 생명보다 더 귀중함.

사형 제도 □□
_____

- 범죄 예방 효과가 그다지 크지 않음.
- 생명은 존엄하며 다른 사람의 생명을 빼앗을 권리는 없음.
- 검사나 판사가 잘못 판단할 가능성이 있음.

2 사형 제도의 찬반 의견에 대해 잘 생각해 보고 자신의 의견을 쓰세요.

나는 사형 제도에 대해 (찬성 / 반대)합니다. 왜냐하면,

_____

_____

_____

_____

_____

법의 의미와 역할을 이해해요

❖ **법에 대한 다음 글을 잘 읽고 물음에 답하세요.** 문제·1~3 정답과 도움글·128~129쪽

　법은 사회생활에서 지켜야 할 행동 기준으로서 이를 어겼을 때는 제재를 받습니다. 하지만 법이 사회의 변화에 맞지 않거나 인권을 침해할 때에는 법을 바꾸거나 다시 만들 수 있습니다.

　법은 지키지 않았을 때 제재를 받는다는 점에서 사람들이 자율적으로 지키는 도덕 등과 구별됩니다. 법은 개인의 생명이나 재산 등을 보호해 주는 등 개인의 권리를 보장해 줍니다. 또한 사고나 범죄로부터 사람들을 보호하는 등의 사회 질서 유지 역할을 합니다.

　법은 가정과 학교 등을 비롯해 일상생활 곳곳에서 적용되고 있으며, 우리 사회의 많은 일들이 법에 따라 이루어지고 있습니다. 법은 우리의 권리를 보호해 주면서 사람들이 안심하고 살 수 있도록 도와줍니다.

1 앞글의 내용과 맞지 <u>않은</u> 것을 고르세요. (　　)

① 법은 지키지 않았을 때 제재를 받는다.

② 법은 개인의 생명이나 재산 등을 보호해 준다.

③ 법은 사고나 범죄로부터 사람들을 보호한다.

④ 법은 한 번 만들어지면 절대 바꿀 수 없다.

⑤ 법은 가정과 학교 등을 비롯해 일상생활 곳곳에서 적용되고 있다.

2 앞글의 내용을 보고 □에 알맞은 말을 쓰세요.

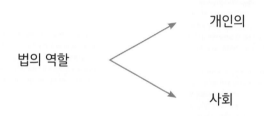

개인의

법의 역할

사회

3 앞글의 내용을 바탕으로 법과 도덕의 차이를 □에 쓰세요.

법	도덕
타율성	(2) □□□
(1) □□ 를 받는다	비난을 받는다.
강제성이 있다.	강제성이 없다.

범죄와 형벌에 대해 알 수 있어요

❖ 다음 글을 잘 읽고 물음에 답하세요. 문제·어휘/이해/응용   정답과 도움글·129~130쪽

가

1 체사레 베카리아
(1738년~1794년) 이탈
리아의 법학자. 근대
형법 사상의 기초를 마
련했으며《범죄와 형
벌》이라는 책을 썼다.

1764년에 발간된 체사레 베카리아[1]의《범죄와 형벌》은 세상에 커다란 영향을 미쳤다. 형벌에 관한 논리 정연하고 새로운 주장들은 유럽 지식인들의 마음을 사로잡았다. 그는 인간이란 이익을 저울질할 줄 알고 그에 따라 행동하는 존재라고 전제했다. 사람은 아무런 대가 없이 공공의 이익만을 위해 자신의 자유를 포기하지 않는다. 끊임없는 전쟁과 같은 상태에서 벗어나기 위하여 자유의 일부를 떼어 주고 나머지 자유의 몫을 평온하게 ㉠누리기로 합의한 것이다. 개인이 내어놓은 자유를 주권자가 위탁받아 관리한다. 법은 개인의 자유를 일부 구속하지만, 개인의 행복을 증진시키고 사회의 형성과 지속을 위하기 때문에 준수하는 것이다. 형벌은 사회 전체 행복과 이익을 위해 법 위반자에게 설정된 것이다.

나

베카리아가 볼 때, 형벌은 범죄가 일으킨 결과를 되돌려 놓을 수 없다. 또한 인간을 괴롭히는 것 자체가 그 목적인 것도 아니다. 형벌의 목적은 오로지 범죄자가 또다시 피해를 끼치지 못하도록 억제하고, 다른 사람들이 그 같은 행위를 하지 못하도록 예방하는 데 있을 뿐이다. 이는 범죄로 얻을 이득, 곧 공익이 입

2 성문법 문자로 적어 문서 형식으로 표현된 법.

게 되는 그만큼의 손실보다 형벌이 가하는 손해가 조금이라도 크기만 하면 달성된다. 그리고 이러한 손익 관계를 누구나 알 수 있도록 처벌 체계는 명확히 성문법[2]으로 규정되어야 하고, 그 집행의 확실성도 갖추어져야 한다. 결국 범죄를 ⓒ가로막는 울타리로 형벌을 바라보는 것이다. 이 울타리의 높이는 살인인지 절도인지 등에 따라 달리해야 한다. 공익을 훼손한 정도에 비례해야 하는 것이다. 그것을 넘어서는 처벌은 폭압이며 불필요하다. 베카리아는 말한다. 서로 다른 피해를 일으키는 두 범죄에 동일한 형벌을 적용한다면 더 무거운 죄에 대한 억제력[3]이 상실되지 않겠는가.

3 억제력 어떤 행동 등을 못 하도록 막는 힘.

다

인간은 감각적인 존재이다. 잔혹한 형벌도 계속 시행되다 보면 사회 일반은 그에 ⓒ무디어져 마침내 그런 것을 봐도 옥살이에 대한 공포 이상을 느끼지 못한다. 인간의 정신에 ⓔ크나큰 효과를 끼치는 것은 형벌의 강도[4]가 아니라 지속[5]이다. 범죄자가 사형당하는 장면을 목격하는 일은 무시무시한 경험이지만 그 기억은 일시적이고, 자유를 박탈당한 인간이 오랫동안 고통받는 모습을 보여 주는 것이 더욱 강력한 억제 효과를 갖는다고 주장한다. 또한 사회의 이익을 지키기 위해서라고 해도 값진 생명을 희생할 수는 없다고도 말한다. 이처럼 베카리아는 사형제를 반대했고, 형법학에서도 형벌로 되갚아 준다는 응보주의[6]에서 벗어나서 장래의 범죄 발생을 방지한다는 일반 예방주의로 나아가는 토대를 ⓜ세웠다는 평가를 받는다.

4 강도 센 정도.

5 지속 어떤 상태가 오래 계속됨.

6 응보주의 형벌은 죄에 대한 정당한 보복을 가하는 데 목적이 있다고 보는 사상.

1 어휘에 맞는 뜻을 찾아 줄로 이으세요.

(1) **전제** •

(2) **위탁** •

(3) **훼손** •

(4) **상실** •

(5) **박탈** •

• ㉠ 어떤 것이 아주 없어지거나 사라짐.
예 자격 ○○

• ㉡ 남의 재물이나 권리, 자격 따위를 빼앗음.
예 소유권 ○○

• ㉢ 남에게 사물이나 사람의 책임을 맡김.
예 주인에게 그 물건을 ○○받고 보관 중이다.

• ㉣ 체면이나 명예를 손상함.
예 명예에 ○○을 입다.

• ㉤ 어떠한 사물이나 현상을 이루기 위하여 먼저 내세우는 것.
예 ○○ 조건

2 ㉠~㉤을 다른 단어로 바꿨을 때, 그 의미가 바르게 전달되지 <u>않은</u> 것을 고르세요. (　　　)

① ㉠누리기로 → 향유하기로
② ㉡가로막는 → 단절하는
③ ㉢무디어져 → 둔감해져
④ ㉣크나큰 → 지대한
⑤ ㉤세웠다는 → 수립하였다는

1 **㉮** 문단의 내용을 보고 다음 문장의 □에 적절한 말을 쓰세요.

- 법을 준수하는 이유 ┈▶ 법은 (1) _____ 의 자유를 일부 구속하지만, (2) _____ 의 행복을 증진시키고 (3) _____ 의 형성과 지속을 유지한다.

- 형벌의 이유 ┈▶ (4) _____ 전체 행복과 이익을 위해 법 위반자에게 설정된 것이다.

2 앞글에서 베카리아의 관점으로 보기 <u>어려운</u> 것을 고르세요. (   )

① 공동체를 이루는 합의가 유지되는 데는 법이 필요하다.
② 사람은 이성적이고 타산적인 존재이자 감각적 존재이다.
③ 개개인의 국민은 주권자로서 형벌을 시행하는 주체이다.
④ 잔혹함이 주는 공포의 효과는 시간이 흐르면서 감소한다.
⑤ 형벌권 행사의 범위는 양도된 자유의 총합을 넘을 수 없다.

3 베카리아가 사형에 반대하는 이유를 적은 다음 글을 읽고 □에 적절한 낱말을 쓰세요.

사형의 형벌이 시행되는 것을 보는 것은 사람들에게 공포를 주지만 그 기억은 일시적이다. 자유를 박탈당한 인간이 긴 시간 동안 죗값을 치르는 모습을 보는 것이 범죄에 대해 더욱 강력한 _____ 효과를 갖는다.

1 앞글을 바탕으로 사형에 대한 베카리아의 입장을 추론한 내용으로 적절한 것을 고르세요. (　　)

① 형벌이 사회적 행복 증진을 저해한다고 보는 입장에서 사형을 반대한다.

② 공익을 훼손한 정도가 크지 않다는 입장에서 사형을 반대한다.

③ 사형은 사람의 기억에 영구히 각인되는 잔혹한 형벌이어서 휴머니즘의 입장에서 반대한다.

④ 사회의 이익을 위한 목적이라도 생명의 존엄성이라는 큰 가치를 훼손할 수 없다는 입장에서 사형을 반대한다.

⑤ 피해 회복의 관점으로 형벌을 바라보는 입장에서 사형을 무기 징역으로 대체하는 데 찬성하지 않는다.

2 ❹ 문단의 울타리에 대한 설명으로 적절하지 <u>않은</u> 것을 고르세요. (　　)

① 재범을 방지하는 역할을 수행한다.

② 법률로 엮어 뚜렷이 알아볼 수 있도록 해야 한다.

③ 범죄가 유발하는 손실에 따라 높낮이를 정해야 한다.

④ 손익을 저울질하는 인간의 이성을 목적 달성에 활용한다.

⑤ 지키려는 공익보다 높게 설정할수록 방어 효과가 증가한다.

3 다음 의견을 읽고, 베카리아의 견해와 가장 거리가 먼 것을 고르세요. (　　)

① 형벌은 범죄자들에게 공포심을 심어 주어 강력 범죄를 예방한다. 사형은 가장 강력한 범죄 예방력을 가진다.

② 사형 제도는 인간의 생명권을 침해한다. 인간의 생명권은 헌법 제 10조에 따라 국가가 보장해야 할 최우선적인 기본권이다.

③ 형벌의 목적이 교화와 재사회화에 있다고 할 때 사형은 이러한 목적을 전혀 달성할 수 없는 원시적이고 무의미한 형벌에 지나지 않는다.

④ 사형 제도는 잘못된 판결로 인해 죄가 없는 사람이 사형을 당할 수 있는 위험성을 내포하고 있다. 판사도 인간이기 때문에 실수를 할 수 있으며, 증거나 증언이 조작될 수도 있다.

⑤ 유엔 보고서에 따르면 사형이 무기징역보다 범죄 억제 효과가 크다는 것을 증명할 수 없었다. 2003년 캐나다의 강력 범죄 발생률이 사형 제도가 있었던 1975년에 비해 44% 감소되었다는 통계도 있다.

과학

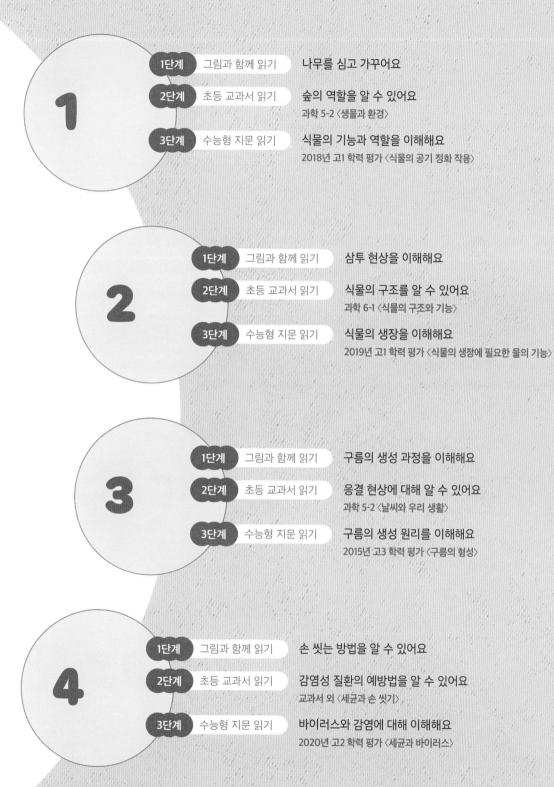

나무를 심고 가꾸어요

❖ 식목일에 대한 그림을 잘 보고 물음에 답하세요. 문제·1~3 정답과 도움글·130쪽

4월 5일 식목일은 어떤 날인가요?

나무를 많이 심고 아껴 가꾸도록 권장하기 위해 나라에서 지정한 국가 기념일

1 보기의 단어를 활용해 ▓▓▓▓ 에 알맞게 넣어 문장을 만드세요.

보기　　　　　아끼다　　　　　권장하다　　　　　지정하다

(1) 옛날이야기의 주제는 '권선징악'이 대부분입니다. 권선징악은 착한 일을 ▓▓▓▓▓ 악한 일을 징계한다는 뜻입니다.

(2) '근검절약'이라는 말은 부지런하고 검소하게 살며 재물을 ▓▓▓▓▓ 는 뜻입니다.

(3) '일방통행'은 일정한 구간을 ▓▓▓▓▓ 한 방향으로만 가도록 하는 것을 말합니다.

2 방법에 맞게 나무를 잘 심은 모습에 ○ 표 하세요.

(1) 묘목이 굽거나 뿌리가 구부러지지 않게 심어요.

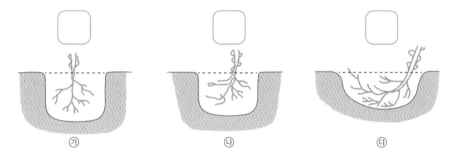

㉮　　　　　㉯　　　　　㉰

(2) 비탈진 곳에 심을 때는 덮은 흙이 경사지지 않도록 수평으로 만들어요.

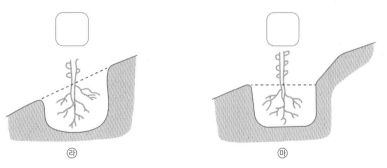

㉱　　　　　㉲

숲의 역할을 알 수 있어요

❖ 숲에 관한 다음 글을 잘 읽고 물음에 답하세요. 문제·1~2 정답과 도움글·130쪽

　사람들은 숲을 푸르게 가꾸기 위해 많은 노력을 기울입니다. 숲이 환경에 많은 도움을 주기 때문입니다.

　첫째, 숲은 공기를 깨끗이 해 줍니다. 자동차 등에서 나온 이산화탄소를 흡수하여 생물에게 꼭 필요한 산소로 바꿔 줍니다.

　둘째, 숲은 물의 양을 조절해서 홍수나 가뭄의 피해를 줄여 줍니다. 풀이나 나무의 촘촘한 뿌리 사이에는 빈 공간이 있습니다. 비가 한꺼번에 많이 내릴 때 이 공간에 물이 스며들어 홍수를 막아 줍니다. 숲의 식물이 머금은 물은 계곡으로 천천히 흘러나오기 때문에 비가 오지 않을 때 가뭄 피해도 줄여 줍니다.

　셋째, 나무들이 많이 내뿜는 피톤치드는 살균 작용과 마음을 안정시키는 작용을 합니다.

1 앞글에서 숲을 가꾸면 좋은 점을 찾아보고, '왜냐하면'과 '그래서'에 맞게 뒤 문장을 쓰세요.

(1) 사람들은 숲을 푸르게 가꾸기 위해 많은 노력을 한다. 왜냐하면

(2) 숲은 홍수를 막아 준다. 왜냐하면

(3) 숲의 나무는 자동차 등에서 나온 이산화탄소를 흡수한다. 그래서

(4) 숲의 나무는 피톤치드를 많이 내뿜는다. 그래서

2 앞글을 읽고 숲을 가꾸는 이유로 맞는 것을 찾아 모두 V 표 하세요.

(가) 뿌리 사이로 빗물을 흡수해서 홍수를 막아 줍니다. ◯

(나) 공기를 깨끗하게 해 줍니다. ◯

(다) 나무를 이용하여 여러 가지 물건을 만들 수 있습니다. ◯

(라) 산불을 예방할 수 있습니다. ◯

식물의 기능과 역할을 이해해요

❖ 다음 글을 잘 읽고 물음에 답하세요. 〔문제·어휘/이해/응용〕 〔정답과 도움글·131쪽〕

가
숲길을 걸으면 상쾌한 기분을 느끼게 된다. 이는 바로 식물이 공기를 쾌적하게 만들어 주는 기능을 하고 있기 때문이다. 식물은 숲뿐만 아니라 실내 공기도 쾌적하게 만들어 준다. 식물이 공기를 **쾌적하게** 만드는 원리와 실내 공간의 특성에 맞게 식물을 배치하는 방법에 대해 살펴보자.

나
식물의 잎은 실내 공간에 있는 오염 물질들을 흡수하여 광합성의 원료로 사용한다. 이때 실내로 유입되는 빛의 양이 많아지게 되면 광합성 속도가 빨라져서 식물의 잎은 더 많은 오염 물질을 없애 준다. 또한 공기 중 일부 오염 물질은 화분의 토양에 흡수된 후 식물과 공생 관계에 있는 미생물에 의해 분해되어 제거된다. 그리고 식물에서 나오는 수분, 광합성 과정에서 나오는 산소로 인해 식물은 실내 공기를 쾌적하게 만들어 준다.

다
대부분의 식물은 공기를 쾌적하게 만드는 기능을 하지만, 공간의 특성에 따라 그에 알맞은 식물을 놓아둔다면 공기를 더욱 쾌적하게 만들 수 있다. 호접란은 밤에 이산화탄소를 흡수하고 산소를 배출하는 기능이 뛰어나다. 그렇기 때문에 하루의 피로를 풀고 숙면을 취하는 공간인 침실에 놓으면 좋다. 선인장과 다육 식물도 밤에 주로 활동하기 때문에 침실에 두기 적합하다. 욕실에는 각종 냄새와 암모니아 가스를 잘 제거하는 관음죽을 놓는 것이 좋다. 주방에는 스킨답서스를 두는 것이 좋은데, 이는 음식을 조리하는 과정에서 발생하는 일산화탄소를 스킨답서스가 잘 흡수하기 때문이다. 스킨답서스는 빛이 적은 곳에서도 잘 자라고 해충에도 강하다. 거실은 공간 면적이 넓고 가족 구성원 모두가 주로 생활하는 곳이다. 따라서 거실에는 크기가 커서 많은 양의 오염 물질을 잘 제거할 수 있는 고무나무류나 야자류가 적합한데, 떡갈고무나무, 인도고무나무, 해피트리 등을 놓으면 좋다. 빛은 잘 들지만 오염 물질이 외부에서 잘 유입되는 공간인 발코니에는 특히 햇빛을 많이 필요로 하고 다양한 오염 물질을 잘 제거하는 제라늄이 적합하다.

라 햇빛이 적은 곳에서 잘 자라는 식물도 햇빛을 필요로 하기 때문에 빛이 들지 않는 곳이라면 가끔 장소를 바꾸어 햇빛을 쬐게 해 주는 것도 필요하다. 식물이 오래 잘 자라게 하려면 햇빛, 공기, 물을 적절히 제공하도록 한다.

1 　**가** 문단의 **쾌적하다**가 바르게 쓰이지 <u>않은</u> 문장을 고르세요. (　　　)

① 이 지역은 기후가 **쾌적하다**.

② 이 집은 지하철역에서 가깝고 주위 환경도 **쾌적하다**.

③ 어려운 환경 속에서도 그 아이는 늘 밝고 **쾌적하다**.

④ 우리는 근무 환경을 **쾌적하게** 유지하기 위해 대청소를 했다.

⑤ 바닷물은 한 길 깊이까지 환히 들여다보일 정도로 깨끗하고 **쾌적하다**.

2 　앞글을 바탕으로 □에 적절한 낱말을 쓰세요.

> □□□□ 란, 종류가 다른 생물이 같은 곳에 살며 서로 이익을 주고받는 관계를 말합니다. 콩과 식물과 뿌리혹박테리아, 집게와 말미잘, 악어와 악어새, 충매화와 곤충, 개미와 진딧물의 관계를 예로 들 수 있습니다.

3 　어휘에 맞는 뜻을 찾아 줄로 이으세요.

(1) 유입　　　•

　　　　　　　　•　⊙ 깊이 잠이 듦. 또는 그 잠.
　　　　　　　　예 약을 먹고 ○○을 취했더니 몸살이 씻은 듯이 나았다.

(2) 배출　　　•

　　　　　　　　•　© 액체나 기체, 열 따위가 어떤 곳으로 흘러듦.
　　　　　　　　예 강에 폐수가 ○○되는 것을 막아야 한다.

(3) 숙면　　　•

　　　　　　　　•　© 안에서 밖으로 밀어 내보냄.
　　　　　　　　예 쓰레기 종량제 실시로 쓰레기의 ○○이 줄었다.

1 앞글에 나오는 식물의 특징을 찾아 줄로 이으세요.

(1) 호접란 •　　　• ㉠ 각종 냄새와 암모니아 가스를 잘 제거합니다.

(2) 관음죽 •　　　• ㉡ 밤에 이산화탄소를 흡수하고 산소를 배출하는 기능이 뛰어납니다.

(3) 스킨답서스 •　　　• ㉢ 크기가 커서 많은 양의 오염 물질을 잘 제거할 수 있습니다.

(4) 고무나무 •　　　• ㉣ 햇빛을 많이 필요로 하고 다양한 오염 물질을 잘 제거합니다.

(5) 제라늄 •　　　• ㉤ 음식을 조리하는 과정에서 발생하는 일산화탄소를 잘 흡수합니다.

2 앞글의 내용으로 바르지 <u>않은</u> 것을 고르세요. (　　　)

① 숲길을 걸으면 상쾌한 이유는 식물이 공기를 깨끗하게 만드는 기능을 하기 때문이다.

② 식물의 잎은 공기 중의 오염 물질을 흡수하여 광합성의 원료로 사용하는데 그 과정에서 공기가 깨끗해진다.

③ 식물은 대부분 실내 공기를 쾌적하게 만들어 주지만, 그 특성에 맞게 놓아둘 공간을 선정하면 더 좋다.

④ 실내로 유입되는 빛의 양이 많을수록 식물은 더 빨리 공기를 쾌적하게 만들 수 있다.

⑤ 공기를 쾌적하게 만드는 기능은 잎의 크기보다는 나무의 크기가 더 중요하다.

1 다음 식물 배치를 보고 나누는 이야기로 적절하지 <u>않은</u> 것을 고르세요. (　　)

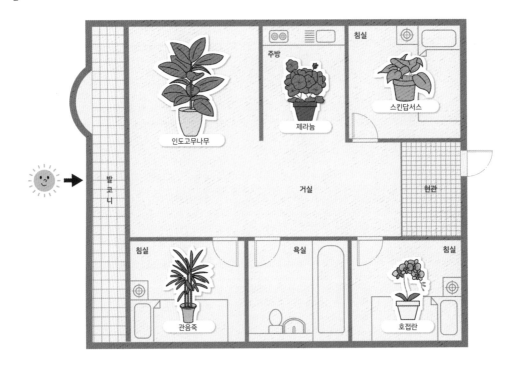

① 인도고무나무는 크기가 커서 넓은 공간의 오염 물질을 제거하는 데 적합하니까 거실에 배치된 것이 적절하군.

② 제라늄은 햇빛을 많이 필요로 하고 다양한 오염 물질을 제거하는 데 적합하니까 발코니에 배치하는 것이 좋겠군.

③ 스킨답서스는 조리 과정에서 발생하는 일산화탄소를 잘 흡수하는 기능이 있으므로 주방에 배치하는 것이 좋겠어.

④ 호접란은 밤보다 낮에 이산화탄소를 흡수하므로 침실에 배치된 것이 적절하군.

⑤ 관음죽은 각종 냄새와 암모니아 가스를 제거하는 데 적합하니까 욕실에 배치하는 것이 좋겠군.

2 앞글을 읽고 더 알고 싶은 내용에 대한 질문으로 적절하지 <u>않은</u> 것을 고르세요.

( )

① 토양에 흡수되는 오염 물질에는 구체적으로 어떤 것들이 있나요?

② 미생물이 오염 물질을 분해하여 제거하는 과정은 어떤 순서로 진행되나요?

③ 실내 공기를 쾌적하게 만드는 수분이 식물에서 나오는 원리는 무엇인가요?

④ 실내로 유입되는 빛의 양은 오염 물질이 제거되는 데 어떤 영향을 미치나요?

⑤ 공기를 쾌적하게 만들려면 공간의 면적에 따라 필요한 식물의 개수는 어떻게 달라지나요?

삼투 현상을 이해해요

❖ 삼투 현상을 나타낸 다음 그림을 잘 보고 물음에 답하세요 [문제·1~2] [정답과 도움글·132쪽]

(가) 식물의 뿌리가 물을 빨아들여요.

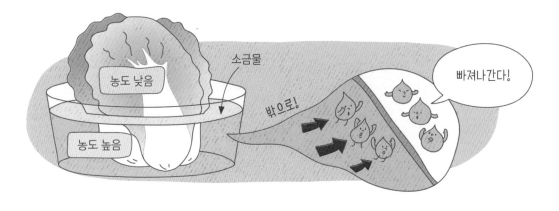

(나) 김장 배추에 소금을 뿌리면 배추의 물이 빠져나와요.

1 앞의 그림을 보고 밑줄에 들어갈 알맞은 말을 **보기** 에서 골라 쓰세요.

보기   나오다(나옵니다)   들어가다(들어갑니다)

- 땅속에 있던 물이 식물의 뿌리 안으로 _____ .
- 배추 안에 있던 물이 밖으로 _____ .

2 (가)와 (나)에 대한 설명으로 알맞지 <u>않은</u> 것을 고르세요. (   )

① (가)에서는 뿌리로 물이 들어가고 (나)에서는 배추의 수분이 소금물로 빠져 나옵니다.

② (가)와 (나) 모두 농도가 높은 곳에서 낮은 곳으로 물이 이동합니다.

③ (가)와 (나)의 작용이 일어나기 위해서는 물만 통과할 수 있는 얇은 막이 필요 합니다.

④ (가)의 작용을 통해 식물은 성장에 필요한 수분을 공급받습니다.

⑤ (나)의 작용을 통해 수분이 배추 밖으로 빠져나가 미생물이 배추 내에서 번식 하지 못하게 됩니다.

식물의 구조를 알 수 있어요

❖ **식물의 구조와 기능에 대한 다음 글을 읽고 물음에 답하세요.**

문제 • 1~2   정답과 도움글 • 132쪽

식물은 대부분 뿌리, 줄기, 잎으로 이루어져 있습니다.

뿌리는 주로 땅속으로 자라기 때문에 눈으로 쉽게 관찰할 수 없습니다. 뿌리는 땅속으로 뻗어 물을 흡수하고 식물을 지탱합니다. 뿌리털은 물을 더 잘 흡수하는 역할을 합니다.

줄기는 땅속으로 뻗은 뿌리와 햇빛을 향해 펼쳐진 잎을 연결하는 기둥입니다. 줄기의 단면을 잘라 관찰하면 물이 이동하는 통로를 볼 수 있습니다. 뿌리에서 흡수한 물은 이 통로를 통해 식물 전체로 이동합니다.

사람은 음식을 통해 양분을 얻지만, 식물은 빛을 이용해 스스로 필요한 양분을 만듭니다. 식물이 빛과 이산화탄소, 뿌리에서 흡수한 물을 이용해서 스스로 양분을 만드는 것을 광합성이라고 합니다. 광합성은 주로 잎에서 일어납니다. 잎에서 만든 양분은 줄기를 통해 필요한 부분으로 운반되어 사용하거나 저장됩니다.

광합성에 사용되고 남은 물은 기공을 통해 밖으로 나갑니다. 기공은 잎의 표면에 있는 작은 구멍으로 우리 눈에 보이지 않을 만큼 작습니다. 잎에 도달한 물이 기공을 통해 밖으로 빠져나가는 것을 증산 작용이라고 합니다.

1 앞글을 잘 읽고 다음 문장의 □에 알맞은 말을 쓰세요.

- 식물이 빛과 이산화탄소, 뿌리에서 흡수한 물을 이용해서 스스로 양분을 만드는 것을   이라고 합니다.

- 잎의 표면에 있는 작은 구멍을   이라고 합니다.

- 잎에 도달한 물이 기공을 통해 밖으로 빠져나가는 것을   이라고 합니다.

2 앞글의 내용에 맞게 다음 문장의 □에 알맞은 말을 쓰세요.

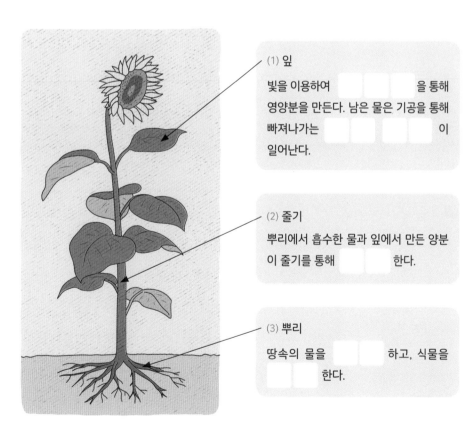

(1) 잎

빛을 이용하여 □□ □ 을 통해 영양분을 만든다. 남은 물은 기공을 통해 빠져나가는 □□ □□ 이 일어난다.

(2) 줄기

뿌리에서 흡수한 물과 잎에서 만든 양분이 줄기를 통해 □□ 한다.

(3) 뿌리

땅속의 물을 □□ 하고, 식물을 □□ 한다.

❖ **다음 글을 잘 읽고 물음에 답하세요.** 문제·어휘/이해/응용 정답과 도움글·132~133쪽

㉮

1 생장 생물이 나서 자람.

식물의 생장[1]에는 물이 필수적이다. 동물과 달리 식물은 잎에서 광합성을 통해 생장에 필요한 양분을 만드는데, 물은 바로 그 원료가 된다. 물은 지구 중심으로부터 중력을 받기 때문에 높은 곳에서 낮은 곳으로 흐르지만, 식물은 지구 중심과는 반대 방향으로 자란다. 따라서 식물이 줄기 끝에 달려 있는 잎에 물을 공급하려면 중력의 반대 방향으로 물을 끌어올려야 한다. 식물은 어떤 힘을 이용하여 뿌리에서부터 잎까지 물을 끌어올릴까? 식물이 물을 뿌리에서 흡수하여 잎까지 보내는 데는 뿌리압, 모세관 현상, 증산 작용으로 생긴 힘이 복합적으로 작용한다.

㉯

2 세포막 세포질을 둘러싸고 있는 막. 물질을 선택적으로 통과시키고 운반하는 등 세포의 기능 유지에 필수적인 구조이다.

호박이나 수세미의 잎을 모두 떼어 내고 뿌리와 줄기만 남기고 자른 후 뿌리 끝을 물에 넣어 보면, 잘린 줄기 끝에서는 물이 힘차게 솟아오르지는 않지만 계속해서 올라온다. 뿌리털을 둘러싼 세포막[2]을 경계로 안쪽은 땅에 비해 여러 가지 유기물과 무기물[3]들이 더 많이 섞여 있어서 뿌리 바깥보다 용액의 농도가 높다. 다시 말해 뿌리털 안은 농도가 높은 반면, 흙 속에 포함되어 있는 물은 농도가 낮다. 이때 농도의 균형을 맞추기 위해 흙

속에 있는 물 분자는 뿌리털의 세포막을 거쳐 물 분자가 상대적으로 적은 뿌리 내부로 들어온다. 이처럼 농도가 낮은 흙 속의 물을 농도가 높은 뿌리 쪽으로 이동시키는 힘이 생기는데, 이를 뿌리압이라고 한다. 즉, 뿌리압이란 뿌리에서 물이 흡수될 때 밀고 들어오는 압력으로, 물을 위로 밀어 올리는 힘이다.

다

물이 담긴 그릇에 가는 유리관을 꽂아 보면 유리관을 따라 물이 올라가는 것을 관찰할 수 있다. 이처럼 가는 관과 같은 통로를 따라 액체가 올라가거나 내려가는 것을 ㉠모세관 현상이라고 한다. 모세관 현상은 물 분자와 모세관 벽이 결합하려는 힘이 물 분자끼리 결합하려는 힘보다 더 크기 때문에 일어난다. 따라서 관이 가늘어질수록 물이 올라가는 높이가 높아진다. 식물체 안에는 뿌리에서 줄기를 거쳐 잎까지 연결된 물관이 있다. 물관은 말 그대로 물이 지나가는 통로인데, 지름이 75㎛(마이크로미터, 1㎛=0.001mm)로 너무 가늘어 눈으로는 볼 수 없다. 이처럼 식물은 물관의 지름이 매우 작기 때문에 모세관 현상으로 물을 밀어 올리는 힘이 생긴다.

라

뜨거운 햇볕이 내리쬐는 더운 여름철에는 큰 나무가 만들어 주는 그늘이 그렇게 고마울 수가 없다. 나무가 만들어 주는 그늘이 건물이 만들어 주는 그늘보다 더 시원한 이유는 무엇일까? 나무의 잎은 물을 수증기 상태로 공기 중으로 내보내는데, 이때 물이 주위의 열을 흡수하기 때문에 나무의 그늘 아래가 건물이 만드는 그늘보다 훨씬 시원한 것이다. 식물의 잎에는 기공이라는 작은 구멍이 있다. 기공을 통해 공기가 들락날락하거나 잎의 물이 공기 중으로 증발하기도 한다. 이처럼 식물체 내의 수분이 잎의 기공을 통하여 수증기 상태로 증발하는 현상을 ⓒ증산 작용이라고 한다. 증산 작용은 물을 식물체 밖으로 내보내는 작용으로, 뿌리에서 흡수된 물이 줄기를 거쳐 잎까지 올라가는 원동력이다. 증산 작용에 의한 힘은 잡아당기는 힘으로 식물이 물을 끌어올리는 요인 중 가장 큰 힘이다.

1 앞글의 내용에 맞게 다음 문장의 □에 알맞은 말을 쓰세요.

식물이 물을 뿌리에서 흡수해 잎까지 보내는 데는 힘이 작용한다.

(1) _____ 이란, 뿌리에서 물이 흡수될 때 밀고 들어오는 압력으로, 물을 위로 밀어 올리는 힘이다.

(2) _____ 이란, 가는 관과 같은 통로를 따라 액체가 올라가거나 내려가는 것을 말한다.

(3) _____ 이란, 식물체 내의 수분이 잎의 기공을 통하여 수증기 상태로 증발하는 현상을 말한다.

2 가 문단의 생장이라는 말이 <u>어색하게</u> 쓰인 문장을 고르세요. (   )

① 이 품종은 생장이 빠르다.
② 그 사람은 도시에서 생장했다.
③ 실종자의 생장 여부를 확인하다.
④ 모든 생물에는 일정한 생장의 규칙이 있다.
⑤ 이 나무는 생장 과정이 빠르고 곧게 자라 건축재로 이용된다.

1 앞글의 내용과 일치하지 <u>않는</u> 것을 고르세요. (　　)

① 뿌리털 주위 세포막을 경계로 안쪽은 뿌리 바깥보다 용액 농도가 높다.

② 식물의 뿌리압은 중력과 같은 방향으로 작용한다.

③ 식물이 광합성 작용을 하기 위해서는 반드시 물이 필요하다.

④ 농도가 낮은 흙 속의 물은 농도가 높은 뿌리 쪽으로 이동한다.

⑤ 식물이 물을 뿌리에서 흡수하여 잎까지 보내는 데는 뿌리압, 모세관 현상, 증산 작용으로 생긴 힘이 복합적으로 작용한다.

2 🈯 문단의 ㉠모세관 현상과 🈯 문단의 ㉡증산 작용에 대한 설명으로 적절하지 <u>않은</u> 것을 고르세요. (　　)

① ㉠은 관의 지름에 따라 물이 올라가는 높이가 달라진다.

② ㉡이 일어나면 물이 식물체 내에서 빠져나와 주변 온도를 낮춘다.

③ ㉠에 의해서는 물의 상태가 바뀌지 않고, ㉡에 의해서는 물의 상태가 바뀐다.

④ ㉠으로 물을 위로 밀어 올리는 힘이, ㉡으로 물을 위에서 잡아당기는 힘이 생긴다.

⑤ ㉠에 의해 식물이 물을 밀어 올리는 힘보다 ㉡에 의해 식물이 물을 끌어 올리는 힘이 더 작다.

1 학생이 다음과 같은 실험을 했어요. 앞글을 바탕으로 실험에 대해 적절히 반응한 것을 고르세요. (　　　)

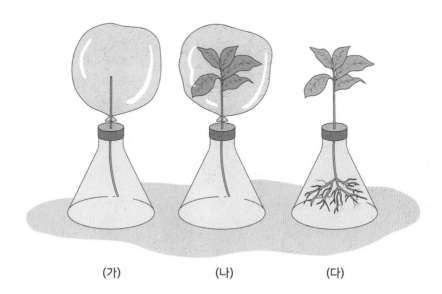

(가)　　　　　　　　(나)　　　　　　　　(다)

물이 담긴 삼각 플라스크에 크기와 종류가 같은 식물 셋을 (가)는 줄기만, (나)는 줄기와 잎만 남기고 비닐을 씌운다. (다)는 뿌리, 줄기, 잎을 그대로 둔다. 이때 플라스크 입구는 막아 둔다. 세 플라스크를 동일한 조건에 두고 변화를 관찰했다.

① (가)보다 (나)의 비닐 안쪽 면에 물방울이 덜 맺힐 것이다.

② (가) 용기에 담긴 물이 (나), (다)용기에 담긴 물보다 더 많이 줄 것이다.

③ (나)에서는 한 가지 힘이, (다)에서는 두 가지 힘이 작용하여 물이 이동한다.

④ (가), (나), (다) 모두 물을 밀어 올리는 힘이 형성될 것이다.

⑤ (가), (나), (다) 모두 공기가 식물 내부로 출입하는 현상이 일어나지 않는다.

1단계

그림과
함께
읽기

구름의 생성 과정을 이해해요

읽고
공부한 날
/

❖ 구름의 생성에 대한 그림을 잘 보고 물음에 답하세요. 문제·1~2 정답과 도움글·133쪽

1 보기의 구름이 들어간 단어 뜻을 참고로 문장의 ░░░░░░ 에 알맞은 말을 쓰세요.

보기
• **뜬구름** 하늘에 떠다니는 구름. 덧없는 세상일, 막연하고 허황된 일을 비유하는 말.

• **먹구름** 몹시 검은 구름. 어떤 일의 좋지 않은 상태를 비유하는 말.

(1) 푸른 하늘에는 ░░░░░░░░ 이 유유히 흐른다.

(2) 환율 불안정이 우리 경제에 ░░░░░░░░ 을 드리우고 있다.

(3) 하늘에 낮게 깔린 ░░░░░░░░ 이 금방 비를 퍼부을 것 같다.

(4) 그분은 평생 동안 부귀영화를 ░░░░░░░░ 처럼 여기며 살았다.

(5) 그 심각한 문제가 우리의 장래에 ░░░░░░░░ 이 되지 않도록 바라겠어요.

(6) ░░░░░░░░ 을 잡겠다고 어려서부터 객지로만 떠돌며 보낸 지난 세월이 덧없다.

2 앞의 그림을 바탕으로 다음 문장의 □에 알맞은 말을 쓰세요.

공기 덩어리가 구름이 되려면 ░░░░ 가 커지고 ░░░░ 가 낮아져야 합니다.

응결 현상에 대해 알 수 있어요

❖ **응결에 대한 다음 글을 읽고 물음에 답하세요.** 문제·1~2 정답과 도움글·133쪽

공기 중 수증기가 물방울로 변하는 현상을 응결이라고 합니다. 냉장고에 들어 있던 차가운 물병을 공기 중에 꺼내 놓으면 표면에 물방울이 맺히는데 이것은 공기 중 수증기가 응결해서 나타나는 현상입니다.

이슬은 밤에 차가워진 나뭇가지나 풀잎 표면 등에 수증기가 응결해 물방울로 맺히는 것입니다. 안개는 밤에 지표면 근처의 공기가 차가워지면 공기 중 수증기가 응결해 작은 물방울로 떠 있는 것입니다.

공기는 지표면에서 하늘로 올라가면서 부피가 점점 커지고 온도는 점점 낮아집니다. 이때 공기 중 수증기가 응결해 물방울이 되거나 얼음 알갱이 상태로 변해 하늘에 떠 있는 것을 구름이라고 합니다.

1 응결의 뜻을 살펴보고 '응'과 '결'이 사용된 단어들을 쓰세요.

- **뜻** 한데 엉기어 뭉침. 증기의 일부가 엉겨서 액체로 맺히는 것.
- **한자** 凝 엉길 응, 結 맺을 결

(1)

응	

가로

액체 따위가 엉겨서 뭉쳐 딱딱하게 굳어짐.

예 촛농은 바닥에 떨어지자마자 하얗게 ○○되었다.

세로

눈길을 모아 한곳을 똑바로 바라봄.

예 그녀는 한참 동안 한곳만 ○○하고 있었다.

(2)

	결

가로

많은 사람이 마음과 힘을 한데 뭉침.

예 온 국민이 ○○하여 어려움을 극복했다

세로

사물과 사물을 서로 잇거나 현상과 현상이 관계를 맺게 함.

예 이 단락은 문장과 문장 사이의 ○○이 부자연스럽다.

2 앞글의 내용에 맞게 다음 □에 알맞은 말을 쓰세요.

　　　　　　　　　,　　　　　　　,　　　　　　　은 모두 공기 중 수증기가 응결해서 일어

나는 자연 현상입니다.

구름의 생성 원리를 이해해요

읽고
공부한 날
/

❖ **다음 글을 잘 읽고 물음에 답하세요.** 문제·어휘/이해/응용 정답과 도움글·134~135쪽

가

구름은 지표에서 증발한 수증기가 작은 물방울로 응결되어 공기 중에 떠 있는 것이다. 그리고 구름 안에 있는 물방울은 온도나 압력 등 주변 환경의 변화에 따라 수증기로 증발하기도 하고, 다시 응결하여 새로운 구름을 만들기도 한다.

나

공기는 열을 받으면 위로 올라간다. 그런데 지구가 태양으로부터 열을 받으면 지표면 가까이 있는 공기가 가열된다. 가열된 지표면의 공기는 위로 올라가는데, 높이 올라갈수록 주변 기압은 낮아진다. 기압이 낮아지면 기체의 부피는 증가하므로 밑에서 올라온 따뜻한 공기는 점차 부피가 늘어난다.

다

1 이슬점 공기의 온도가 낮아져서 수증기가 응결하기 시작할 때의 온도.

이때 밑에서 올라온 공기는 스스로 가진 열을 소모함으로써 팽창하기 위한 에너지를 충당하게 된다. 결국 공기가 팽창하면서 기온이 낮아지는 현상이 발생하고, 이슬점[1] 이하로 온도가 내려가면 공기 속에 있는 포화 상태의 여분 수증기가 응결하여 아주 작고 가벼운 물방울을 만든다. 그리고 이 물방울이 계속 부딪치고 합쳐지는 과정을 통해 커지면서 구름이 형성된다.

라

사실 공기 중의 수증기만으로는 기온이 내려가 이슬점보다 낮은 온도가 되어도 쉽게 응결되지 않는다. 평평한 수면이 존재하는 지상의 상황과 수증기가 자유롭게 날아다닐 수 있는 하늘 위의 상황이 다르기 때문에 상공에서는 상대 습도[2]가 100%를 넘어도 응결이 일어나지 않는 상태가 존재하며 이를 '과포화'라고 한다.

2 상대 습도 특정 온도에서 최대로 함유할 수 있는 포화 수증기량에 대한 실제 수증기량의 비율.

마

그런데 자연 상태의 공기에는 수증기가 쉽게 응결될 수 있도록 도와주는 미세한 입자들이 포함되어 있다. 이러한 미세 입자들은 우리가 흔히 ㉠에어로졸이라 부르는 것들로, 대기 오염에 의해 만들어지기도 한다.

바

공기 중에 떠돌아다니는 에어로졸은 수분을 흡수하는 성질이 있어서 자기 주변의 수증기를 모아 준다. 즉, 하늘 높이 상승한 공기 온도가 낮아지면 공기 중에 있던 수증기들이 뭉쳐서 응결해야 하는데, 이때 에어로졸이 주변 수증기를 모아서 응결이 쉽게 일어나도록 도와준다. 에어로졸 중 상당수는 흡습성[3]이 있어서 상대 습도 100% 이하에서도 수증기를 응결시키는 핵의 역할을 할 수 있다.

3 흡습성 물질이 공기 중의 습기를 빨아들이는 성질.

사

이처럼 구름을 형성할 때 수증기의 응결을 도와주는 에어로졸 입자를 '응결핵'이라고 한다. 응결핵은 수증기 분자가 쉽게 응결할 수 있는 표면을 제공하기도 하므로 큰 에어로졸이 작은 것보다 물방울 형성에 더 효과적으로 작용한다. 결국 상공에서는 수증기만으로는 구름을 형성하기 어렵고, 에어로졸이 수증기를 모아 주어야만 크고 두터운 구름이 만들어진다.

1 앞글을 읽고 다음 문장에서 내용에 맞게 □에 알맞은 말을 쓰세요.

> 상대 습도가 100%를 넘어도 응결이 일어나지 않는 상태를
> 라 하고, 수증기의 응결을 도와주는 에어로졸 입자들을   이라
> 고 한다.

2 다음 낱말과 반대의 뜻을 가진 말을 앞의 글에서 찾아 쓰세요.

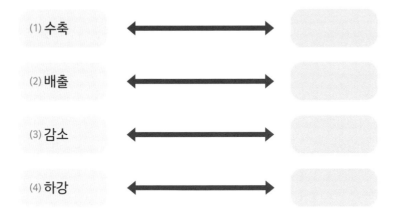

(1) **수축** ←――――――→

(2) **배출** ←――――――→

(3) **감소** ←――――――→

(4) **하강** ←――――――→

3 앞글의 내용에 맞게 구름이 만들어지는 과정을 (1)부터 (5)의 순서대로 □에 알맞게 쓰세요.

구름은 어떤 과정을 거쳐 만들어지는 걸까요?

물방울들이 부딪치고 합쳐지면서 구름이 된다.

포화 상태의 수증기가 (5) ⬜⬜ 하여 작은 물방울이 된다.

공기가 팽창하면서 (4) ⬜⬜ 이 내려간다.

(2) ⬜⬜ 이 낮아지면서 공기의 (3) ⬜⬜ 가 늘어난다.

태양으로부터 열을 받아 가열된 (1) ⬜⬜ 가 위로 올라간다.

태양

햇볕

1 앞글의 내용과 맞지 <u>않는</u> 것을 고르세요. (   )

① 구름은 물방울들이 계속 부딪치고 합쳐지는 과정을 통해 만들어진다.

② 기압이 높아지면 기체의 부피는 증가하므로, 위로 올라간 따뜻한 공기는 점차 부피가 늘어난다.

③ 실제 공기 중 응결핵은 자연적으로 생성되기도 하지만 에어로졸의 영향으로 생성되기도 한다.

④ 에어로졸 중 상당수는 흡습성이 있어서 상대 습도 100% 이하에서도 수증기를 응결시킬 수 있다.

⑤ 이슬점 이하로 온도가 내려가면 공기 속에 있는 포화 상태의 여분의 수증기들이 응결하여 아주 작고 가벼운 물방울을 만든다.

2 ㉠에어로졸에 대한 설명으로 옳은 것을 고르세요. (   )

① 에어로졸은 구름이나 안개 형성에 있어서 응결핵의 역할을 하며 깨끗한 대기일수록 풍부하게 분포한다.

② 에어로졸은 응결에 영향을 미치는데, 에어로졸로 인해 과포화가 아닌 상태에서도 응결이 일어난다.

③ 에어로졸은 물방울 형성에 응결핵의 역할이 중요하다는 것을 보여 주며 에어로졸 크기가 작을수록 응결이 쉽게 일어난다.

④ 에어로졸은 공기 속에 포함된 물방울의 포화 상태를 보여 주는 것으로서, 에어로졸로 인해 물방울은 상대 습도가 100% 이상인 곳에서만 존재한다.

⑤ 에어로졸은 대기 속에 존재하는 수증기 분자의 크기를 보여 주는 것으로서, 실제 대기에서 응결이 일어나려면 수증기 분자가 커야 한다.

손 씻는 방법을 알 수 있어요

❖ **그림을 잘 보고 물음에 답하세요** 문제·1~3 정답과 도움글·135쪽

올바른 손씻기 6단계

비누로 다음 단계에 따라 손을 잘 씻으면 각종 감염성 질환을 예방할 수 있어요.

①
손바닥과 손바닥을
마주 대고 문질러 주세요.

②
손가락을 마주 잡고
문질러 주세요.

③
손등과 손바닥을
마주 대고 문질러 주세요.

④
엄지손가락을 다른 편
손바닥으로 돌려 주면서
문질러 주세요.

⑤
손바닥을 마주 대고
손깍지를 끼고
문질러 주세요.

⑥
손가락을 반대편
손바닥에 놓고 문지르고,
손톱 밑도 꼼꼼히 씻으세요.

1 다음 문장을 참고하여 □에 '가락'이 들어간 적절한 말을 쓰세요.

> '손가락'이라는 말은 '손'과 '가락'이 합쳐진 말로, '가락'은 길고 가늘게 생긴
> 물건을 일반적으로 이르는 말이다.

(1) 한국이나 중국, 일본에서는 □□□으로 반찬을 집어 먹는다.

(2) 영희는 사고로 □□□을 다쳐서 잘 걸을 수가 없다.

(3) □□□이 가지런히 놓여 있는 엿판을 보고 있으면 저절로 입에 군침
이 돈다.

2 다음은 올바른 손 씻기를 하지 않았을 때 손에 남아 있는 세균이나 바이러스의
양을 나타낸 그림이에요. □에 적절한 말을 쓰세요.

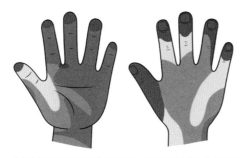

● 전혀 씻기지 않음 ● 대부분 씻기지 않음 ● 종종 씻기지 않음 ● 세균 없음

> 올바른 손 씻기를 하지 않으면 엄지손
> 가락과 □□□□에 세균이나 바이
> 러스가 거의 씻기지 않는다는 것을 알
> 게 되었다.

3 올바른 손 씻기 6단계 과정을 잘 보고, 엄지손가락 부분을 깨끗이 씻는 것은 몇
단계인지 쓰세요.

감염성 질환의 예방법을 알 수 있어요

❖ **감염성 질환에 대한 다음 글을 읽고 물음에 답하세요.** 문제·1~2 정답과 도움글·135쪽

사람의 손은 끊임없이 무엇인가를 만지거나 집거나 만들고 있기 때문에 여러 가지 세균에 쉽게 노출됩니다. 사람 손에 묻은 세균은 눈, 코, 입, 피부 등으로 옮겨가 그 사람을 질병에 감염시킵니다. 그뿐만 아니라 세균은 사람이 만지는 음식, 물건 등에도 옮겨 갔다가 다른 사람까지 질병에 감염시킵니다. 호흡기를 통해 감염되는 질병도 공기를 통해 코와 입으로 병균이 직접 침입하기도 하지만, 바이러스가 묻은 손을 코나 입에 갖다 댐으로써 감염되는 경우가 많습니다.

그렇기 때문에 질병을 예방하려면 비누로 손을 자주 씻어서 세균이 살지 못하게 해야 합니다. 특히 음식을 먹기 전 후, 화장실에 다녀온 후, 외출에서 돌아왔을 때, 애완동물을 만진 후, 기침이나 재채기한 후에 꼭 손을 씻도록 합니다.

1 눈, 코, 입, 피부는 모두 감각 기관입니다. 관련 있는 것끼리 줄로 이어 보세요.

(1)   (2)   (3)   (4)

ㆍ   ㆍ   ㆍ   ㆍ

ㆍ   ㆍ   ㆍ   ㆍ

㉠ 촉각   ㉡ 시각   ㉢ 후각   ㉣ 미각

2 다음은 '세균'과 같은 균 자로 끝나는 단어들이에요. 뜻과 쓰임을 보고 □에 알맞은 글자를 쓰세요.

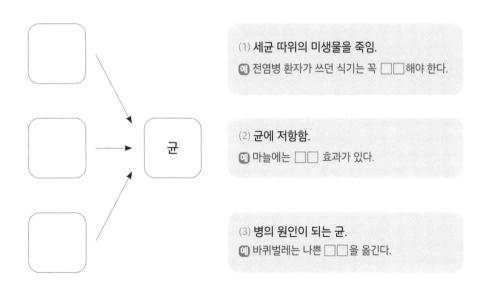

(1) 세균 따위의 미생물을 죽임.
예 전염병 환자가 쓰던 식기는 꼭 □□해야 한다.

(2) 균에 저항함.
예 마늘에는 □□ 효과가 있다.

(3) 병의 원인이 되는 균.
예 바퀴벌레는 나쁜 □□을 옮긴다.

바이러스와 감염에 대해 이해해요

❖ 다음 글을 잘 읽고 물음에 답하세요. 문제·어휘/이해/응용 정답과 도움글·135~136쪽

가

바이러스는 몸 안에 들어와 문제를 일으킬 수 있어 주의해야 할 대상이다. 생명체와 달리, 바이러스는 세포가 아니기 때문에 스스로 자라고 늘어나는 것이 불가능하다. 그래서 바이러스는 살아 있는 숙주 세포[1]에 기생하고, 그 안에서 증식함으로써 살아간다. 바이러스는 바깥을 둘러싸는 피막[2]의 유무에 따라 구조가 달라진다. 피막이 있는 바이러스는 피막의 바깥에 부착 단백질이 박혀 있고 피막 안에는 캡시드[3]라는 단백질이 있다. 캡시드 안에는 핵산이 있는데, 핵산은 DNA와 RNA 중 하나로만 구성된다. 이러한 구조를 갖는 바이러스는 숙주 세포에 어떻게 감염하는 것일까?

1 숙주 세포 기생 생물이 감염할 수 있는 세포.

2 피막 겉껍질과 속껍질을 통틀어 이르는 말.

3 캡시드 단백질로 구성된 바이러스의 껍질.

나

바이러스의 감염 가능 여부는 숙주 세포 수용체[4]의 특성에 따라 결정된다. 바이러스는 감염이 가능한 숙주 세포와 접촉한 후 바이러스 피막의 부착 단백질을 이용해 숙주 세포 수용체에 달라붙는다. 달라붙은 부위를 통해 바이러스가 숙주 세포 내부로 들어가고, 바이러스의 핵산[5]이 캡시드로부터 분리되어 숙주 세포 내부로 빠져나온다. 이후 핵산은 효소[6]를 이용하여 복제된다. 핵산이 DNA일 경우 숙주 세포에 있는 효소를 그대로 이용

4 수용체 바이러스와 결합하여 그 침입을 유도하는 세포 구조

5 핵산 모든 생명체에서 발견되며 생명 유지에 필요한 모든 유전 정보를 포함한다. 핵산에는 DNA와 RNA 두 가지 유형이 있다.

6 효소 생물의 세포 안에서 화학 반응을 돕는다. 술·간장·치즈 따위의 식품 및 소화제 따위의 의약품을 만드는 데도 쓰인다.

하고, 반면 RNA일 경우 숙주 세포에 있는 효소를 이용해 자신에 맞는 효소를 합성한다. 또한 핵산은 mRNA라는 전달 물질을 통해 단백질을 합성한다. 합성된 단백질의 일부는 캡시드가 되어 복제된 핵산을 둘러싸고 다른 일부는 숙주 세포막에 부착되어 바이러스의 부착 단백질이 될 준비를 한다. 그 후 단백질이 부착된 숙주 세포막이 캡시드를 감싸 피막이 되면서 증식된 바이러스가 숙주 세포 밖으로 배출된다.

다

우리 몸은 주로 위의 과정을 통해 지속 감염이 일어나기도 하고 위와는 다른 과정을 거쳐 급성 감염이 일어나기도 한다. 급성 감염은 일반적으로 짧은 기간 안에 일어나는데, 바이러스는 감염된 숙주 세포를 증식 과정에서 죽이고 바이러스가 또 다른 숙주 세포에서 증식하며 질병을 일으킨다. 시간이 흐르면서 체내의 방어 체계에 의해 바이러스를 제거해 나가면 체내에는 더 이상 바이러스가 남아 있지 않게 된다. 반면 지속 감염은 급성 감염에 비해 상대적으로 오랜 기간 동안 바이러스가 체내에 잔류한다. 지속 감염에서는 바이러스가 장기간 숙주 세포를 파괴하지 않으면서도 체내의 방어 체계를 회피하며 생존한다.

1 다음 단어들을 맞는 뜻끼리 줄로 이으세요.

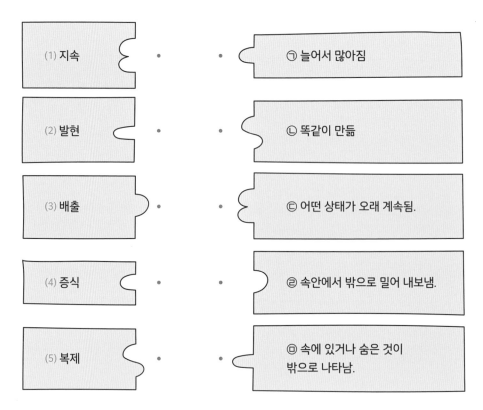

(1) 지속 •

(2) 발현 •

(3) 배출 •

(4) 증식 •

(5) 복제 •

• ㉠ 늘어서 많아짐

• ㉡ 똑같이 만듦

• ㉢ 어떤 상태가 오래 계속됨.

• ㉣ 속안에서 밖으로 밀어 내보냄.

• ㉤ 속에 있거나 숨은 것이 밖으로 나타남.

2 밑줄 친 말과 바꾸어 쓸 수 있는 말에 ○ 표 하세요.

(1) 다른 일부는 숙주 세포막에 부착되어 바이러스의 부착 단백질이 될 준비를 한다.

(붙어, 이어져)

(2) 오랜 기간 동안 바이러스가 체내에 잔류한다.

(남아 있다, 활동한다.)

이해

1 앞글의 내용을 잘 읽고 다음 □에 알맞은 말을 쓰세요.

(1) 바이러스 ┈┈▶ □□ 의 유무에 따라 구조가 달라진다.

(2) 핵산의 복제

　　□□□ 일 경우 숙주 세포의 효소 그대로 이용

　　□□□ 일 경우 효소를 자기에 맞게 합성

2 앞글의 내용에 맞게 다음 문장의 □에 알맞은 말을 쓰세요.

　　　　□□ 감염은 일반적으로 짧은 기간 안에 일어나고 바이러스가 빨리 사라지는 반면, □□ 감염은 상대적으로 오랜 기간 동안 바이러스가 체내에 남아 있다.

3 앞글의 내용과 일치하지 <u>않는</u> 것을 고르세요. (　)

① 피막이 있는 바이러스는 캡시드 안에 효소가 들어 있다.

② 피막이 있는 바이러스의 핵산이 DNA라면 캡시드 안에 RNA는 존재하지 않는다.

③ 바이러스가 숙주 세포에 기생하는 이유는 세포가 아니기 때문이다.

④ 피막이 있는 바이러스의 가장 바깥에는 부착 단백질이 있다.

⑤ 피막이 있는 바이러스는 캡시드를 피막이 감싸고 있다.

1 특정 바이러스 감염 과정의 일부를 나타낸 그림이에요. 앞글을 바탕으로 다음 그림을 이해한 내용으로 적절하지 <u>않은</u> 것을 고르세요. (   )

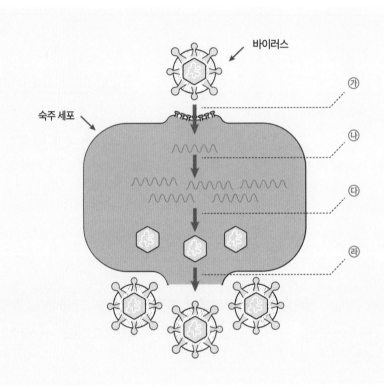

① ㉮에서 바이러스는 피막의 부착 단백질을 이용해 숙주 세포 수용체에 달라붙는다.

② ㉯에서 숙주 세포의 효소를 그대로 이용하지 않는다면, 이 바이러스의 핵산은 RNA이다.

③ ㉰에서 효소가 캡시드와 분리되며 숙주 세포 내부로 빠져나온다.

④ ㉰에서 바이러스의 핵산을 둘러싸거나 ㉱에서 바이러스의 부착 단백질이 되는 물질은 mRNA를 통해 합성된다.

⑤ ㉱에서는 배출되는 바이러스의 피막이 숙주 세포막을 통해 만들어진다.

정답과
도움글

- 반의 관계(뜻이 반대인 관계) : 서로 반대의 의미를 지니는 단어들 **예** 덥다 - 춥다 / 살다 - 죽다 / 가다 - 오다
- 상하 관계 : 한 단어가 다른 단어를 포함하는 관계의 단어들 **예** 동물 - 개 - 진돗개
- 부분-전체 관계 : 한 단어가 다른 단어의 부분에 해당하는 관계의 단어들 **예** 몸 - 팔 - 손 - 손톱
- 다의 관계 : 여러 의미 사이에 유사성이 있는 단어 **예** 머리(신체) - 머리(머리카락) - 머리(두뇌)
- 동음이의 관계 : 여러 의미 사이에 유사성은 없고 소리만 같은 단어들 **예** 눈으로 보다 - 눈이 내리다

1단계 그림과 함께 읽기　　　　본문 13쪽

상위어와 하위어를 익혀요

1 (1) 상위어　(2) 하위어

2 (예시 답안) 책 : 소설책, 교과서, 잡지, 위인전…
- 교과서 : 국어 교과서, 수학 교과서, 사회 교과서, 과학 교과서…
- 동물 : 개, 호랑이, 새, 원숭이…
- 새 : 공작새, 앵무새, 참새, 비둘기…

도움글

2. 하나의 단어가 다른 단어와의 관계 속에서 상위어가 되기도 하고 하위어가 되기도 합니다. 주어진 상위어에 포함되는 말을 생각해서 자유롭게 적어 보세요.

3단계 수능형 지문 읽기　　　　본문 18~21쪽

어휘적 빈자리를 이해해요

- 글 해설
어휘적 빈자리를 설명하는 글이다. 한 언어의 어휘 체계 내에서 개념은 존재하지만 실제 단어가 존재하지 않는 경우를 '어휘적 빈자리'라고 한다. 어휘적 빈자리를 채우는 방법에는 다음 세 가지 방법이 있다.
- 구를 이용해서 표현한다.
- 한자어나 외래어로 표현한다.
- 상위어, 하위어를 이용한다.

- 주제
어휘적 빈자리의 의미와 어휘적 빈자리를 채우는 방법

- 문단 요약
가 어휘적 빈자리의 의미
나 어휘적 빈자리가 채워지는 방식 ① - 구
다 어휘적 빈자리가 채워지는 방식 ② - 한자어나 외래어
라 어휘적 빈자리가 채워지는 방식 ③ - 상위어, 하위어

2단계 초등 교과서 읽기　　　　본문 15쪽

단어의 관계를 파악해요

1 상위어, 하위어

2 어휘력이 풍부해지고 글을 읽는 힘이 생깁니다.

3 (1) - ㉠　(2) - ㉢　(3) - ㉡

4 (1) 동물　(2) 진돗개

도움글

2, 3. 단어 사이의 관계를 파악하며 어휘를 익히면 좋습니다. 단어들의 의미 관계에는 다음과 같은 것들이 있습니다.
- 유의 관계(뜻이 비슷한 관계) : 서로 같거나 비슷한 의미를 지니는 단어들 **예** 메아리 - 산울림 / 동물-짐

어휘

1 고유어, 한자어

2 ③

3 (1) - ⓒ (2) - ㉠ (3) - ㉣ (4) - ⓒ

> **도움글**

2. ③ '생긴 지 얼마 안 된 조직이라 체계가 아직 잡혀 있지 않다'가 맞는 문장입니다.

이해

1 어휘적 빈자리

2 ①

3 (1) - ⓒ (2) - ⓒ (3) - ㉠

> **도움글**

1. (가) 문단에서 다만 어린 돼지를 가리키는 고유어 단어가 없을 뿐인데, 이렇게 한 언어의 어휘 체계 내에서 개념은 존재하지만 실제 단어가 존재하지 않는 경우를 '어휘적 빈자리'라 한다고 했습니다.

2. (나) 문단에서 어휘적 빈자리는 계속 존재하기도 하지만, 다양한 방식으로 채워지기도 한다고 했습니다.

응용

1 ③

2 두 번째 방식

3 학생1

> **도움글**

1. 예전의 '도야지'는 어린 돼지이므로 지금의 돼지와 나타내는 개념이 다릅니다.

① 어린 돼지를 가리키는 단어는 사라졌지만 개념이 사라진 것은 아닙니다.

② '돝'이 돼지이므로 '도야지'의 상위어입니다.

④ '어린 돼지'에 해당하는 어휘가 예전에는 있었습니다.

⑤ 새끼 돼지와 같은 '구'로 표현됩니다.

3. 어휘적 빈자리는 개념은 있지만 단어로 존재하지 않는 것을 말합니다. 단어가 존재하지 않는 말을 '구'로 채운 사례는 학생1입니다. 학생2가 말한 꺼병이나 학생3이 말한 샛별, 개밥바라기는 현재 존재하는 단어입니다.

국어 ❷

> **1단계** 그림과 함께 읽기 본문 23쪽

바른 독서 습관을 익혀요

1 ③

2 (1) - ㉣ (2) - ⓒ (3) - ㉠ (4) - ⓒ

> **도움글**

1. '꾸준히'는 '한결같이 부지런하고 끈기가 있는 태도로'라는 뜻입니다.

③은 집요하게 추적한다는 내용으로 '끈질기게'가 어울립니다.

2. 독서와 관련된 좋은 습관들입니다. 익혀 두고 자신의 독서 습관으로 삼도록 합니다.

2단계 · 초등 교과서 읽기

여러 가지 방법으로 읽어요

1 (1) - ㉠   (2) - ㉡   (3) - ㉢   (4) - ㉠

2 (1) **제목**   (2) **낱말**   (3) **내용**   (4) **중요**   (5) **뒷받침**

도움글

1. 사실을 전달하는 글과 의견이나 주장이 담긴 글은 읽기 방법이 다릅니다. 제품 사용 방법이나 사용 순서 등 사실을 전달하는 글은 설명 대상 및 설명 내용을 이해하며 읽어야 합니다. 찬반이 나뉘거나 의견이 담긴 글은 주장 내용을 파악하고 근거는 무엇인지 살피며 읽어야 합니다.

2. 읽기 목적에 따라서도 읽기 방법을 다르게 해야 합니다. 알고 싶은 내용을 찾을 때는 훑어 읽기를 해야 하고 자세한 내용을 알고 싶을 때는 꼼꼼히 읽어야 합니다.

3단계 · 수능형 지문 읽기

본문 28~33쪽

독서를 통해 의사소통해요

● 글 해설
독서를 저자와 독자의 의사소통 행위로 보고 글을 쓸 때 저자의 자세와 글을 읽을 때 독자의 자세에 대해 설명하고 있다. 저자는 글을 쓸 때 자기가 하고 싶은 말을 그냥 쓰는 것이 아니라 독자를 의식하며 쓰고, 독자는 글을 단순히 이해하는 것에 그치지 않고 능동적으로 읽는다.

● 주제
독서는 저자와 독자의 의사소통 행위이다.

● 문단 요약
㉮ 독서는 글쓴이와 읽는 이가 문자로 의사소통하는 행위이다.

㉯ 저자는 독자의 독서 과정을 의식하며 글을 쓰고 의사소통을 한다.

㉰ 독자도 글을 읽으며 저자의 의도를 파악할 뿐 아니라 능동적으로 의사소통 과정에 참여한다.

어휘

1 (1) - ㉣   (2) - ㉠   (3) - ㉡   (4) - ㉢

2 ③

3 (1) **뽑는다**   (2) **풀어내기도**

도움글

2. '염두'는 '생각의 시초', '마음의 속'을 뜻하는 명사로, 동작성을 의미하는 접미사 '-하다'를 결합해 '염두하다'로 쓰면 어색합니다. 그래서 '염두에 두다'로 표현하는 것이 적절하지요. 따라서 '스포츠를 즐길 때에는 항상 안전을 염두에 두어야'로 써야 합니다.

3. (1) 선정 : 여럿 가운데서 어떤 것을 뽑아 정함.
   (2) 해소 : 어떤 관계를 풀어서 없애 버림.

이해

1 저자, 독자

2 (1) **저**   (2) **독**   (3) **독**   (4) **저**   (5) **독**   (6) **저**

도움글

2. 저자는 독자를 의식하며 글을 쓰고, 독자는 저자의 의도를 파악하며 더 깊은 이해를 위한 능동적 활동으로 글을 읽습니다.

응용

1 ⑤

2 ②

3 ㉣

도움글

1. ⓜ의 경우 옛날에 이름이 없어 고증할 수 없는 것이 태반이라고 했을 뿐 저자가 주제를 효과적으로 전달하기 위해 일부러 내용을 숨긴 것임을 확인할 수 없으므로 적절하지 않습니다.

   ① ㉠에서 물고기 종류의 이름을 아는 자가 드물다는 내용이 있는 것으로 볼 때 저자가 독자의 사전 지식을 예측했음을 확인할 수 있습니다.

   ② ㉡에서 사물에 정통한 자가 마땅히 어족의 이름을 살펴야 한다는 생각을 저자가 독자에게 전달하고 있습니다.

   ③ ㉢에서 저자가 바다의 날짐승과 해초류까지 언급하여 독자에게 정보를 제공하고 있음을 확인할 수 있습니다.

   ④ ㉣에서는 이 책이 후대 사람들에게 참고할 만한 자료로 도움이 될 것이라고 저자가 판단하고 있습니다.

2. (다) 문단에서 독자는 저자와의 의사소통 과정을 통해 자신의 배경지식에 따라 글의 의미를 재구성하게 된다고 했습니다. 따라서 〈보기〉 글에 학생들이 원문 내용을 각자 자기 나름대로 이해한 후 서로 다르게 기억하는 실험 결과가 나타난 이유를, 독자의 배경지식에 따라 글을 이해하고 재구성하는 내용이 달라질 수 있기 때문이라고 추론한 것은 적절합니다.

3. ㉠ 바가텔이라는 용어를 새로 알았다고 했습니다.

   ㉡ 베토벤이 어떤 음악가인지 궁금했는데 알게 되었다고 했습니다.

   ㉢ 베토벤이 자신의 처지에 절망하지 않고 자신이 좋아하는 일을 했기에 명작이 탄생했음을 알게 되었다고 하며, 자신도 그와 같이 하고 싶다고 하며 저자의 생각에 공감하고 있습니다.

   ㉣ 저자의 생각을 비판하는 내용은 나와 있지 않습니다.

   ㉤ 〈운명 교향곡〉에 대해 더 알아보고 싶다고 했습니다.

1단계 그림과 함께 읽기　　　　본문 35쪽

문장 호응에 대해 알 수 있어요

1 (1) 학교에 갔다. --- ㉠ 시간을 나타내는 말과 호응

　(2) 선생님이 말씀하신다. --- ㉢ 높임의 대상과 호응

　(3) 물고기가 잡혔다. --- ㉡ 동작을 당하는 대상과 호응

2 (1) 어제 비가 너무 많이 와서 우산을 가지고 갔어.

　(2) 우리 할머니께서 떡을 주셔서 아버지께 가져다 드렸어.

　(3) 지금 비가 오고 바람이 심하게 불어.

　(4) 나는 동생보다 키가 크고 몸무게가 더 무거워.

도움글

2. (1) 시간을 나타내는 '어제'와 서술어가 호응해야 합니다.

　(2) 높임의 대상인 '할머니'와 '아버지'에 호응하는 서술어를 사용합니다.

　(3) 주어인 '비'와 '바람'에 맞는 서술어가 각각 필요합니다.

　(4) '무겁다'는 '몸무게'에 호응하는 서술어이기 때문에 '키'에 호응하는 서술어가 추가로 필요합니다.

문장 성분을 이해해요

1 주어, 서술어, 목적어

2 (1) – ⓒ　(2) – ⓛ　(3) – ⓣ

3 (1) 투수가 공을 던졌다.

• 이유 : '던지다'는 목적어를 필요로 하는 서술어입니다.

(2) 그는 물 한 병을 사서 목마름을 해소하고 허기를 채웠다.

• 이유 : 서술어인 '채우다'는 목적어인 허기와는 호응하지만 목마름과는 호응하지 않습니다.

도움글

1. • 주어 : 문장에서 동작이나 상태, 성질의 주체가 되는 말.

• 서술어 : 주어의 동작·상태·성질 따위를 서술하는 말.

• 목적어 : 행위의 대상이 되는 존재를 가리키는 말.

　　말이　　당근을　　먹는다.
　　(주어)　　(목적어)　　(서술어)

3. (1) 동사 중에는 목적어가 없어도 되는 것도 있지만, 목적어가 반드시 필요한 동사도 있습니다. 목적어가 반드시 필요한 동사에 목적어를 쓰지 않으면 틀린 문장이 됩니다.

(2) 주어나 목적어가 둘 이상일 때 각각에 맞는 서술어를 써야 합니다.

필수 문장 성분을 이해해요

● 글 해설

문법적으로 적절한 문장의 조건에 대해 설명하는 글이다. 문장은 필수적인 문장 성분을 온전히 갖추어야 한다. 필수적인 문장 성분은 서술어에 따라 달라지는데 서술어가 필요로 하는 문장 성분에 대한 정보는 국어사전에서 확인할 수 있다. 또한 필수적인 문장 성분이 갖추어져 있어도 문장 성분 간에 호응이 되지 않으면 문법적으로 부적절한 문장이 될 수 있기 때문에 호응이 맞아야 한다.

● 주제

문법적으로 적절한 문장이 되려면 필수 성분이 갖추어져 있고, 호응이 맞아야 한다.

● 문단 요약

가 문법적으로 적절한 문장은 필수적인 문장 성분을 온전히 갖추어야 한다.

나 필수 성분에 관한 국어사전 내용 예시

다 문법적으로 적절한 문장은 호응이 제대로 되어야 한다.

라 문장의 호응에 대한 예시

어휘 **1** 주어, 목적어, 부사어

2 ①

3 (1) **주어**　(2) **부사어**　(3) **목적어**　(4) **서술어**

도움글

2. '갖추는'은 목적어가 필요한 서술어입니다. ③의 '공장도'는 목적격 조사 '을'이 사용되지 않았지만 목적어입니다.

이해

1 (1) - ① (2) - ② (3) - ① (4) - ②

2 세제를 풀고 / 담가 놓았다.

3 문형 정보

도움글

1. 여러 정보나 뜻을 가진 단어의 경우, 사전을 찾아보면 번호를 붙여 설명하고 있습니다. ①, ②로 구분하는 것은 필요한 문장 성분이 다른 경우입니다.

'풀다'의 ①은 목적어를 필요로 하지만, ②는 부사어와 목적어가 필요합니다. 같은 문장 성분을 필요로 하지만 뜻이 달라지는 경우에는 「1」, 「2」 등으로 표시해 설명합니다.

문제에서도 ①에 해당하는 것은 목적어를 필수 성분으로 하고, ②에 해당하는 것은 부사어와 목적어를 필수 성분으로 합니다.

응용

1 ③

2 ⑤

3 ①

도움글

1. 원칙적으로 서술어는 주어를 항상 필요로 하므로 문형 정보에는 주어를 제외한 필수 문장 성분에 대한 정보가 제시된다고 했습니다.

2. '그는 십 분 만에 선물 상자의 매듭을 풀었다'의 '풀다'는 ① - 「1」의 뜻으로 쓰였습니다. '십 분 만에'는 부사어이지만 필수 성분이 아닙니다.

3. '세제'와 '신발'은 목적어입니다.

사회 ❶

1단계 그림과 함께 읽기 　　　　　　본문 47쪽

외교 관계를 이해해요

1 명, 후금

2 병자호란

3 명나라, 금나라

도움글

2. '호란'은 후금(청)에서 쳐들어온 난을 말하고, 왜란은 일본에서 쳐들어온 난입니다. 임진왜란은 임진년에 일본에서 쳐들어온 난이라는 의미입니다.

2단계 초등 교과서 읽기 　　　　　　본문 49쪽

병자호란에 대해 알 수 있어요

1 정묘호란, 병자호란

2 ②

3 김상현

도움글

2. 청은 정묘호란 때 맺은 '형제의 관계'를 '임금과 신하의 관계'로 바꾸자고 했습니다.

3. 김상현은 청의 요구를 받아들이면 안 된다고 했고, 최명길은 청의 요구를 일단 받아들인 후 후일을 생각하자고 했습니다. 하지만, 조선은 청의 요구를 받아들이지 않았습니다. 청의 요구를 받아들이면 안 된다고 주장한 김상현의 의견을 따른 것입니다.

척화론과 화친론을 이해해요

● 글 해설

병자호란 당시 청은 조선에 요구한 조건은 명나라와의 의리를 저버리는 것이었으므로 척화론자들은 이에 대해 반대했다. 척화는 친하게 지내는 것은 배척한다는 의미로 청과 친하게 지내지 않겠다는 뜻이다. 하지만 청과 친하게 지내야 한다고 주장하는 주화론자들은 오랑캐라고 하며 친하게 지내지 않다가 나라가 망하는 것보다는 더 낫다는 내용을 여러 가지 예를 근거로 들어 주장했다.

● 주제

청과 친하게 지내야 한다는 주화론자들의 주장과 그에 대한 근거

● 문단 요약

⑦ 척화론자들이 명에 대한 의리를 지켜야 하는 것은 보편적 규범에 근거하고 있었다.

⑭ 주화론자들은 나라를 보전하기 위해 청의 조건을 받아들여야 한다고 했다.

⑭ 중국 후진은 거란에 대항하다가 멸망하였는데 중국의 유학자 호안국은 이를 비판했다.

㉢ 주화론자인 최명길은 호안국 주장과 《춘추》를 인용하여 명과의 의리보다 나라를 지키는 게 더 중요하다고 주장했다.

어휘

1 (1) - ⓒ (2) - ⓜ (3) - ⓛ (4) - ⓐ (5) - ⓔ

2 ②

도움글

2. 문책 : 잘못을 캐묻고 꾸짖음.
②는 '자책'의 의미입니다.

이해

1 (1) 경연광 (2) 호안국

2 ③

도움글

2. 주화론자들이 청과 화친하려는 것은 청과 의리를 지키기 위해서는 아니었습니다.

응용

1 ⑤

2 (1) 주 (2) 척 (3) 척 (4) 주

3 ③

도움글

2. 척화론자들은 임진왜란 때 조선을 지원한 명과의 의리를 지켜야 하기 때문에 청과 화친하는 것은 불가하다고 했습니다. 주화론자들은 나라를 보전하고 백성을 지키기 위해 청과 화친해야 한다는 주장을 펼쳤습니다. (가)와 (나) 문단에 관련 내용이 나와 있습니다.

3. 〈보기〉의 글은 '권도'라는 철학적 개념에 대한 사상가 맹자의 견해입니다.

• 상도 : 일반 상황에서의 원칙론으로서 지속적으로 지켜야 하는 보편적 규범

• 권도 : 특수한 상황에서의 상황론으로서 그 상황에 일시적으로 대응하는 개별적 규범

주화론자인 최명길이 대명의리를 인정하고 강조하면서도 나라의 보존을 위해 청과 강화해야 함을 주장한 것은 권도를 행한 것으로 볼 수 있습니다. 그리고 최명길이 《춘추》의 내용을 언급하며 신하가 지켜야 할 의리를 논한 것은 청과의 화의, 즉 권도를 행한 것에 대해 합당성을 주장하기 위한 것으로 이해할 수 있습니다.

자원의 이용에 대해 알 수 있어요

종이컵 사용을 줄여요

1 ① 불편하다 ② 늘다 ③ 싸다

2 ④

3 (예시 답안) 종이컵 사용이 늘면 쓰레기가 많아져서 지구가 아프기 때문이다.

도움글

1. '가볍다-무겁다'를 통해 반대의 뜻을 가진 단어의 관계임을 알 수 있습니다.

2. 누나가 바라는 것이 마지막 대사에 나와 있습니다.

3. 누나의 대사에서 찾을 수 있습니다.

● 글 해설

우리나라의 에너지 사용의 실태에 대해 자료를 제시하면서 재활용의 중요성에 대해 설명하는 글이다. 객관적인 자료를 제시하는 설명문 성격의 글이지만, 재활용의 중요성을 드러내고 있어서 행동의 변화를 촉구하는 글로도 볼 수 있다.

● 주제

우리나라의 에너지 사용 실태와 재활용의 중요성

● 문단 요약

가 자원의 정의 및 중요성

나 한정되어 있는 자원

다 우리나라 에너지 소비량은 세계 8위

라 에너지를 대부분 수입하는데도 에너지 소비량은 증가하고 있음

마 폐기물 증가

바 폐기물 재활용의 중요성

지구촌 환경 문제를 이해해요

1 ⑤

2 ③

3 ②

도움글

1. ⑤는 정도나 수준이 형편없다는 뜻의 '바닥을 기다'가 어울립니다.

2. 고칼로리의 수입 식품이 무엇인지는 주제와 상관없습니다.

3. '그런데'는 화제를 앞의 내용과 관련시키면서 다른 방향으로 이끌어 나갈 때나 앞의 내용과 상반되는 내용을 이끌 때 쓰는 접속 부사입니다. 앞의 문장과 상반되는 내용을 찾아야 합니다.

어휘

1 수요, 공급

2 ③

3 ⑤

도움글

2. 주로 '~에도 불구하고'의 구성입니다. '(어떤 것이 다른 것에) 얽매여 구애되지 않다'의 뜻입니다. 앞의 문장에서 기대한 바와 다른 내용이 와야 합니다.

③의 문장은 '너는 나를 배신했다. 그렇기 때문에 너를 용서할 수 없다'로 쓰여야 합니다.

3. 매장량이 한정되어 있다는 말은 땅에 묻힌 지하자원이 묻힌 양이 제한되어 정해져 있다는 의미로, 사용할 수 있는 광물 자원 자체의 종류가 많지 않다는 것과 뜻이 다릅니다.

이해

1 자원

2 ③

3 국내 총 수입액, 에너지 총 수입액

도움글

2. 자원이 부족해서 다른 나라에서 수입하게 되면 국가 경쟁력에서 상대적으로 불리하게 되고 경제적 부담을 안게 됩니다.

②에서 석유는 55년, 석탄은 113년, 천연가스는 55년 이후에 고갈될 것으로 전망된다고 했으므로 석탄이 가장 늦게 고갈되는 것은 맞습니다.

응용

1 ④

2 ⑤

3 ④

도움글

1. 문제점을 제기하고 대책을 이야기하고 있습니다.

• 문제점 : 우리나라는 경제 규모나 생활 수준에 비하여 자원과 에너지를 대량 소비하고 있고, 급속한 산업화와 도시화 과정을 거치며 폐기물의 양도 급격히 증가하고 있다.

• 대책 : 재활용이 가능한 4개 생활 폐기물(플라스틱, 금속, 유리, 종이)의 재활용률을 1%만 높여도 연간 639억 원을 절약하는 경제적 효과가 발생한다.

2. 저자는 독자가 알고 있을 것이라고 생각하는 내용은 일부러 생략하기도 하지만, 식량 자원과 관련해서 더 이야기를 서술하지 않은 이유는 4대 생활 폐기물(플라스틱, 금속, 유리, 종이)의 재활용률에 대한 이야기와 거리가 있기 때문입니다. 독자가 이미 알고 있는 내용이라고 생각해서 일부러 생략한 것이 아닙니다.

3. 자원을 절약하자는 것도 좋은 캠페인이지만, 앞의 자료는 자원의 재활용에 대한 이야기이고, 광고도 재활용과 관련된 자료이기 때문에 ④의 내용은 적절하지 않습니다.

사회 ❸

1단계 그림과 함께 읽기 · · · · · · · · · · · · · · · · · · · 본문 69쪽

사형 제도에 대한 의견을 나눠요

1 찬성, 반대

2 (예시 답안) (찬성) 나는 사형 제도에 찬성합니다. 왜냐하면 사형 제도는 범죄를 예방하는 효과가 있다고 생각하기 때문입니다.

(예시 답안) (반대) 나는 사형 제도에 반대합니다. 검사나 판사가 잘못 판단할 수도 있습니다. 그러면 죄를 짓지 않은 사람이 억울하게 죽을 수도 있습니다.

도움글

2. 찬성과 이유의 근거에 맞게 자신의 생각을 써 보는 활동입니다. 정답이 있는 것은 아니니 자기 의견을 근거에 맞게 적어 봅니다.

2단계 초등 교과서 읽기

법의 의미와 역할을 이해해요

1 ④

2 권리 보장, 질서 유지

3 (1) 제재 (2) 자율성

도움글

1. 법이 사회 변화에 맞지 않거나 인권을 침해할 때에는 법을 바꾸거나 다시 만들 수 있다고 했습니다.

3. • 타율성 : 자신의 의지와 관계없이 정해진 원칙이나 규율에 따라 움직이는 성질.

   • 자율성 : 자기 원칙에 따라 어떤 일을 하거나 스스로 자신을 통제하여 절제하는 성질.

3단계 수능형 지문 읽기

범죄와 형벌에 대해 알 수 있어요

● 글 해설

형벌에 대한 체사레 베카리아의 주장을 소개하고 있다. 베카리아는 형벌이 사회 전체 복리를 위해 사람들의 법 위반을 억제하고 예방하는 데 그 목적이 있다고 보았다. 이에 따라 그는 형벌이 가하는 손해가 공익이 입게 되는 손실보다 크기만 하면 형벌의 목적이 달성되며, 과도한 처벌은 불필요하다고 보았다. 또한 그는 사형 제도에 반대했다. 그는 예방주의 형법학의 토대를 세운 학자로 평가를 받고 있다.

● 주제

형벌에 대한 베카리아의 주장과 근거

● 문단 요약

㉮ 베카리아의 형벌론의 배경 : 형벌은 사회 전체 행복과 이익을 위해 법 위반자에게 설정된 것임.

㉯ 베카리아의 형벌론의 중심 내용 : 형벌의 목적은 범죄자를 억제하고, 예방하는 것임.

㉰ 베카리아의 형벌론의 유의점과 의의 : 형벌의 의미를 예방에 두었다는 의미가 있음.

어휘

1 (1) - ㉢ (2) - ㉤ (3) - ㉣ (4) - ㉠ (5) - ㉡

2 ②

도움글

2. ㉡의 '가로막다'는 '저지하다'로 바꿔 쓸 수 있습니다.

① 향유하다 : 누리어 가지다.

② 단절하다 : 유대나 연관 관계를 끊다.

③ 둔감해지다 : 감각이나 감정이 무디어지다.

④ 지대하다 : 더할 수 없이 크다.

⑤ 수립하다 : 만들어 세우다.

이해

1 (1) 개인 (2) 개인 (3) 사회 (4) 사회

2 ③

3 억제

도움글

2. ③개개인의 국민은 주권자로서 형벌을 시행하는 주체가 아닙니다. 주권자는 개개인의 국민이 아니라 개개인의 국민으로부터 주권을 위탁받은 자를 말합니다.

1 ④

2 ⑤

3 ①

도움글

1. (가) 문단을 통해 베카리아는 형벌권의 행사는 일부의 자유를 떼어 준 대신 나머지 자유를 온전히 누리기 위함이라고 했습니다. 또한 (다) 문단에서 사회의 가장 중요한 이익을 지키기 위해서라고 해도 값진 생명을 희생할 수는 없다고도 말했습니다.

① 베카리아가 전체 복리를 위해 법 위반자에게 설정된 것이 형벌이기 때문에 형벌은 사회적 행복 증진을 저해하는 것이 아니라 사회적 행복을 증진시키는 역할을 한다고 볼 수 있습니다.

② 다른 형벌이 사형보다 더 강력한 억제 효과를 갖는다고 본 것이지 사형이 범죄 예방에 효과가 없다고 본 것은 아닙니다.

③ (다) 문단에 따르면 베카리아가 잔혹한 형벌을 반대하는 것은 휴머니즘의 입장이라고 생각할 수 있으며, 사형 장면을 목격한 기억을 일시적이라고 보았다는 점에서 사형이 사람의 기억에 영구히 각인된다고 본 것은 아닙니다.

⑤ (나) 문단에 따르면 형벌이 범죄가 일으킨 결과를 되돌려 놓을 수 없다고 생각하고 있습니다. 사형보다 오랜 시간 동안 형벌을 받는 것이 범죄 억제에 더 효과가 있다고 생각했기 때문에 이 내용은 그의 입장과 다릅니다.

2. '울타리'는 범죄를 가로막는 방벽으로서의 형벌을 의미합니다. 그런데 형벌의 목적은 범죄로 얻을 이득, 곧 공익이 입게 되는 그만큼의 손실보다 형벌이 가하는 손해가 조금이라도 크기만 하면 달성된다고 했습니다. 따라서 지키려는 공익보다 높게 설정할수록 방어 효과가 증가한다고 볼 수 없습니다.

3. ②, ③, ④, ⑤는 사형 제도에 반대하는 의견이고, ①은 사형 제도에 찬성하는 의견입니다.

과학 ①

1단계 그림과 함께 읽기 　　　　　　　本문 81쪽

나무를 심고 가꾸어요

1 (1) 권장하고　(2) 아낀다　(3) 지정하여

2 (1) ㉮　(2) ㉰

도움글

2. 올바른 나무 심는 방법을 하나 더 추가하면 '뿌리 크기에 맞게 적당한 깊이에 심는다'가 있습니다.

2단계 초등 교과서 읽기 　　　　　　　本문 83쪽

숲의 역할을 알 수 있어요

1 (1) 숲이 환경에 많은 도움을 주기 때문이다.

(2) 풀이나 나무의 촘촘한 뿌리 사이에 빈 공간 있어서 비가 내릴 때 이 공간에 물이 스며들기 때문이다.

(3) 생물에게 꼭 필요한 산소로 바꿔 준다.

(4) 살균 작용과 마음을 안정시키는 작용을 한다.

2 (가), (나), (다)

도움글

1. '왜냐하면' 뒤에는 앞 문장에 대한 이유를 씁니다. 주로 '-때문', '-니까' 등과 어울려 쓰입니다. '그래서' 뒤에는 앞 문장의 내용이 이유가 돼서 생기는 결과를 씁니다.

2. 산불 예방은 나무를 심으면 얻을 수 있는 좋은 점과 거리가 멉니다. 오히려 나무가 많으면 산불이 일어나기 쉬워서 더욱 조심해야 합니다.

3단계 수능형 지문 읽기

식물의 기능과 역할을 이해해요

●글 해설

식물은 광합성 하는 과정에서 공기를 쾌적하게 만든다. 실내 공간의 특성에 맞게 식물을 배치하면 더 효과적이다. 호접란, 선인장, 다육 식물은 침실, 관음죽은 욕실, 스킨답서스는 주방, 떡갈고무나무와 인도고무나무, 해피트리 등은 거실, 제라늄은 발코니에 두면 좋다. 식물이 잘 자라게 하려면 햇빛, 공기, 물을 적절히 제공하는 것이 필요하다.

●주제

식물은 공기를 쾌적하게 만든다. 공간에 따라 효과적인 배치가 필요하다.

●문단 요약

가 식물은 숲에서 뿐만 아니라 실내 공기도 쾌적하게 만든다.

나 식물은 광합성을 하는 과정에서 공기를 쾌적하게 만든다.

다 식물의 특성에 따라 적절한 공간에 배치하는 것이 좋다.

라 실내에서도 햇빛, 공기, 물 등을 적절히 제공해야 한다.

어휘

1 ③

2 공생 관계

3 (1) – ○ (2) – ○ (3) – ○

도움글

1. '쾌적하다'는 '기분이 상쾌하고 즐겁다'는 뜻입니다. 사람의 성격을 나타낼 때는 '명랑하고 활발하다'는 뜻의 '쾌활하다'가 적합합니다.

이해

1 (1) – ○ (2) – ○ (3) – ○
(4) – ○ (5) – ○

2 ⑤

도움글

2. 식물의 잎은 실내 공간에 있는 오염 물질들을 흡수하여 광합성의 원료로 사용합니다. 이때 실내로 유입되는 빛의 양이 많아지게 되면 광합성 속도가 빨라져서 식물의 잎은 더 많은 오염 물질을 없애 줍니다. 잎이 클수록 광합성 작용이 활발해지기 때문에 잎의 크기가 중요합니다.

응용

1 ④
2 ④

도움글

1. 침실은 주로 밤에 사용하는 공간입니다. 호접란은 밤에 이산화탄소를 흡수하고 산소를 배출하는 기능이 뛰어나기 때문에 침실에 두면 좋다고 했습니다. ④에서는 밤보다 낮에 이산화탄소를 흡수한다고 했으므로 적절하지 않습니다.

2. 글을 읽고 난 후에는 의문점을 갖고 더 찾아보는 자세도 중요합니다. ④의 내용은 이미 본문에서 설명하고 있습니다. 실내로 유입되는 빛의 양이 많을수록 오염 물질 제거에 효과적입니다.

1단계 그림과 함께 읽기 본문 91쪽

삼투 현상을 이해해요

1 들어갑니다, 나옵니다

2 ②

도움글

1. 뿌리는 수분이 낮기 때문에 수분이 많은 흙 속의 물이 뿌리 쪽으로 이동합니다. 소금물에 녹은 소금의 농도는 배추보다 높기 때문에 배추의 수분이 소금물로 이동합니다. 이를 삼투 현상이라고 합니다.

2. (가)와 (나) 모두 농도가 낮은 곳에서 높은 곳으로 물이 이동합니다.

2단계 초등 교과서 읽기 본문 93쪽

식물의 구조를 알 수 있어요

1 광합성, 기공, 증산 작용

2 ⑴ 광합성, 증산 작용 ⑵ 이동 ⑶ 흡수, 지탱

도움글

1, 2. 뿌리는 땅속으로 뻗어 물을 흡수하고, 식물을 지탱해 줍니다. 뿌리털은 물을 더 잘 흡수하게 해 줍니다. 뿌리에서 흡수한 물은 줄기를 통해 식물 전체로 이동합니다. 잎은 광합성을 통해 양분을 만듭니다. 잎에서 만든 양분은 줄기를 통해 필요한 부분으로 운반되어 사용하거나 저장됩니다.

3단계 수능형 지문 읽기 본문 97~99쪽

식물의 생장을 이해해요

● 글 해설

이 글은 식물이 물을 꼭대기의 잎까지 끌어 올리는 세 가지 힘에 대해 설명하는 글이다. 첫째, 뿌리에서는 뿌리털 안과 흙 속의 농도 차이에 따라 삼투압이 발생한다. 물이 흡수될 때 밀고 들어오는 압력에 따라 뿌리압이 발생하고 그 힘에 의해 물이 위로 상승한다. 둘째, 식물체 안의 가느다란 물관에서 모세관 현상이 발생한다. 모세관 현상은 가는 관 안의 물 분자가 벽과 결합하려는 힘에 의해 생긴다. 셋째, 증산 작용은 잎의 기공을 통하여 식물체의 수분이 수증기 상태로 증발하는 현상이다. 잎의 세포에서 물 분자가 증발되면서 아래쪽의 물 분자를 끌어 올리는 것이다. 이 세 가지 힘이 복합적으로 작용해 식물이 물을 뿌리에서 흡수해 잎까지 보낸다.

● 주제
식물이 물을 끌어 올리는 원리

● 문단 요약

가 식물이 물을 꼭대기의 잎까지 끌어 올리기 위한 세 가지 힘

나 뿌리압 - 땅속의 물을 흡수

다 모세관 현상 - 줄기를 통해 물을 이동

라 증산 작용 - 물을 식물체 밖으로 내보내는 작용

어휘 **1** ⑴ 뿌리압 ⑵ 모세관 현상 ⑶ 증산 작용

2 ③

도움글

1. 이 글 전체를 읽고 정리해 봅니다.

2. '생장'은 '나서 자람. 또는 그런 과정'을 의미합니다.
③은 '살아 있음. 또는 살아남음'을 의미하는 '생존'을 사용해야 합니다.

이해

1 ②

2 ⑤

도움글

1. 문단 (나)에서 뿌리압은 물을 위로 밀어 올리는 힘이라는 것을 확인할 수 있습니다. 이를 통해 중력의 반대 방향으로 작용하는 것을 알 수 있습니다.

2. 문단 (라)에서 증산 작용에 의한 힘은 잡아당기는 힘으로, 식물이 물을 끌어 올리는 요인 중 가장 큰 힘이라고 했습니다.

응용

1 ④

도움글

1. (가)에서는 모세관 현상, (나)에서는 모세관 현상과 증산 작용, (다)에서는 모세관 현상, 증산 작용, 뿌리압이 모두 일어납니다. 이 세 가지 작용은 모두 물을 위로 끌어 올리는 기능을 합니다.

① (나) 플라스크에 담긴 잎에는 기공이 있기 때문에 물방울이 많이 맺힙니다.

② (가) 용기에 담긴 물이 가장 적게 줄어듭니다.

③ (나)에서는 두 가지 힘이, (다)에서는 세 가지 힘이 작용해 물이 이동합니다.

⑤ (나), (다)에서 모두 공기가 식물 내부로 출입하는 증산 작용이 일어납니다.

과학 ❸

1단계 그림과 함께 읽기 　　　　본문 101쪽

구름의 생성 과정을 이해해요

1 (1) 뜬구름　(2) 먹구름　(3) 먹구름

　(4) 뜬구름　(5) 먹구름　(6) 뜬구름

2 부피, 온도

도움글

2. 구름이 만들어지는 과정은 그림을 보면 나와 있습니다. 하늘로 올라간 공기 덩어리의 부피가 커지고 온도가 낮아지면 수증기가 엉겨 붙으면서 구름이 됩니다.

2단계 초등 교과서 읽기 　　　　본문 103쪽

응결 현상에 대해 알 수 있어요

1 (1) 〈가로〉 응결, 〈세로〉 응시

　(2) 〈가로〉 단결, 〈세로〉 연결

2 이슬, 안개, 구름

도움글

2. 응결은 기체인 수증기가 액체인 물이 되는 현상을 말합니다. 응결이 잘 일어나기 위해서는 공기 중에 수증기가 많아야 하고 공기 온도가 내려가야 합니다. 기상 현상에서는 이슬, 안개, 구름 등이 응결과 관련이 있습니다. 주변에서도 응결 현상을 볼 수 있습니다. 여름날 얼음물이 든 컵을 실내에 놓아두면 컵 표면에 작은 물방울들이 맺히는 데 이것도 응결 현상입니다. 또한 욕실 천장에 물방울이 맺히거나,

유리창에 입김을 불면 뿌옇게 김이 서리는 것도 모두 공기 중의 수증기가 차가운 물체의 표면에서 식으면서 물이 되어 맺히는 것입니다.

본문 107~109쪽

3단계 수능형 지문 읽기

구름의 생성 원리를 이해해요

● 글 해설
초등학교 때도 구름이 수증기가 응결되어서 만들어지는 것은 배운다. 이 글에서는 그와 같은 응결이 상공에서 쉽게 일어나지 않는 경우도 있고 그런 경우 에어로졸이 응결을 도와 구름을 만들어 준다고 하는 내용을 설명하고 있다.

● 주제
구름을 만드는 데 역할을 하는 응결핵의 존재

● 문단 요약
가 구름은 수증기가 응결한 것이다.
나 공기는 열을 받으면 위로 올라간다.
다 공기의 온도가 내려가면 응결되어 구름이 된다.
라 하늘 위에서는 응결이 쉽게 일어나지 않는다.
마 공기 중의 에어로졸은 응결을 도와준다.
바 에어로졸은 흡습성이 있어서 수증기를 응결시키는 역할을 한다.
사 수증기 응결을 돕는 에어로졸 입자를 응결핵이라고 한다.

어휘
1 과포화, 응결핵
2 (1) 팽창 (2) 흡수 (3) 증가 (4) 상승

도움글

1. (라)문단에, 상공에서는 상대 습도가 100%를 넘어도 응결이 일어나지 않는 상태가 존재하며 이를 '과포화'라고 한다는 언급이 나옵니다.

(사)문단에, 구름을 형성할 때 수증기의 응결을 도와주는 에어로졸 입자들을 '응결핵'이라고 한다는 언급이 나옵니다.

2. 반대의 의미를 가진 단어를 같이 익혀 두면 어휘력이 높아집니다.

이해
1 (1) 공기 (2) 기압 (3) 부피
(4) 기온 (5) 응결

도움글

1. 글을 읽으며 빈 곳에 단어를 쓰는 과정을 통해 구름이 만들어지는 원리를 바르게 이해하도록 합니다.

응용
1 ②
2 ②

도움글

1. (나) 문단에서 '기압이 낮아지면 기체 부피는 증가하므로, 밑에서 올라온 따뜻한 공기는 점차 부피가 늘어난다.'고 나와 있습니다. 과학적인 지식을 묻는 문제가 아닙니다. 글의 내용을 이해하고 문제에 대입해 보도록 합니다. 문제의 지문에 나온 내용을 본문의 내용과 대입해 보면서 확인해 봅니다.

① (다) 문단에서 확인할 수 있습니다.

③ (마) 문단에서 확인할 수 있습니다. 에어로졸은 자연 상태의 공기에 포함되어 있지만 대기 오염에 의해서도 만들어진다고 말합니다.

④ (바) 문단에서 확인할 수 있습니다.

⑤ (다) 문단에서 확인할 수 있습니다.

2. (바) 문단에서 흡습성 에어로졸로 인해 상대 습도 100% 이하에서도 응결이 일어난다는 것을 알 수 있습니다. 따라서 과포화가 아닌 상태에서도 응결이 일어난다고 할 수 있습니다.

① 에어로졸은 미세 입자이고 대기 오염에 의해서도 만들어지기 때문에 깨끗한 대기일수록 많다는

것은 잘못된 내용입니다.

③ (사) 문단에서 큰 에어로졸들이 작은 것보다 물 방울 형성에 더 효과적으로 작용한다고 했습니다.

④ (바) 문단에서 에어로졸 중 상당수는 상대 습도 100% 이하에서도 수증기를 응결시키는 핵의 역할을 할 수 있다고 했습니다.

⑤ 에어로졸은 수증기가 응결할 수 있게 도와주는 미세 입자입니다. 수증기의 크기를 보여 주는 것은 아닙니다.

과학 ④

1단계 그림과 함께 읽기   본문 111쪽

손 씻는 방법을 알 수 있어요

1 (1) 젓가락 (2) 발가락 (3) 엿가락

2 손끝

3 4단계

도움글

2. 빨간 부분이 세균이 많이 남아 있다는 뜻이므로 올바른 손 씻기를 하지 않으면 엄지손가락과 손끝은 세균이나 바이러스가 잘 씻기지 않는다는 것을 알 수 있습니다.

3. 그림의 올바른 손 씻기 4단계에 엄지손가락 씻는 방법이 자세히 나옵니다.

2단계 초등 교과서 읽기   본문 113쪽

감염성 질환의 예방법을 알 수 있어요

1 (1) - ㉢ (2) - ㉣ (3) - ㉠ (4) - ㉡

2 (1) 멸균 (2) 항균 (3) 병균

도움글

1. 감각과 관련된 용어는 중학교에 가면 시의 이해 부분에서도 자주 등장하니 꼭 익혀 두도록 합니다.

촉각(觸 닿을 촉, 覺 깨달을 각)

시각(視 볼 시, 覺 깨달을 각)

후각(嗅 맡을 후, 覺 깨달을 각)

미각(味 맛 미, 覺 깨달을 각)

2. (1) 멸균 : 세균 따위의 미생물을 죽임.

(2) 항균 : 균에 저항함.

(3) 병균 : 병의 원인이 되는 균.

3단계 수능형 지문 읽기   본문 116~118쪽

바이러스와 감염에 대해 이해해요

● 글 해설

바이러스의 구조에 대해 설명한 후 바이러스가 숙주 세포에 감염되는 과정을 설명하고 있다. 바이러스는 세포가 아니기 때문에 스스로 자라고 늘어나는 것이 불가능하다. 숙주 세포에 기생해서 늘어나는데 숙주 세포로 들어간 후 복제되는데 이 복제되는 과정이 감염이다. 감염에는 급성 감염과 만성 감염이 있다.

● 주제

바이러스의 구조와 감염의 종류

● 문단 요약

㉠ 바이러스가 어떻게 숙주 세포에 감염하는지 의문 제기

딕 바이러스 감염 가능 여부는 숙주 세포 수용체의 특성에 따라 결정(바이러스의 증식=바이러스 감염)

딛 감염의 종류-지속 감염, 급성 감염

어휘

1 (1) – ⓒ (2) – ⓜ (3) – ⓔ
(4) – ㉠ (5) – ⓛ

2 (1) 붙어 (2) 남아 있다

도움글

2. (1) 부착 : 붙어서 떨어지지 않음.
(2) 잔류 : 뒤에 처져 남아 있음.

이해

1 (1) 피막 (2) DNA (3) RNA

2 급성, 만성

3 ①

도움글

3. 내용 이해를 위해 바이러스 구조의 그림을 살펴보겠습니다. 복잡한 내용은 간단히 그림으로 그려서 이해해 보는 것도 좋습니다.

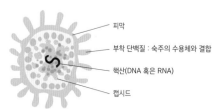

- 피막
- 부착 단백질 : 숙주의 수용체와 결합
- 핵산(DNA 혹은 RNA)
- 캡시드

(나) 문단에서 바이러스의 핵산이 캡시드로부터 분리되어 숙주 세포 내부로 빠져나온 이후 핵산은 효소를 이용하여 복제된다고 했기 때문에 캡시드 안에 효소가 들어 있다는 것은 잘못된 내용입니다.

② (가) 문단에서 핵산은 DNA와 RNA 중 하나로만 구성된다고 했습니다.

③ (가) 문단에서 바이러스가 세포가 아니기 때문에

숙주 세포에 기생한다고 했습니다.

④ (가) 문단에서 피막이 있는 바이러스는 피막의 바깥에 부착 단백질이 박혀 있다고 했습니다.

⑤ (가) 문단에서 피막 안에는 캡시드라는 단백질이 있다고 했습니다.

응용

1 ③

도움글

1. (나) 문단에 따르면 캡시드로부터 분리되어 빠져나온 것은 효소가 아니라 바이러스의 핵산입니다. 바이러스의 핵산이 캡시드로부터 분리되어 숙주 세포 내부로 빠져나오는 것은 ㉮에 해당하며, 이후 핵산은 효소를 이용하여 복제됩니다.

① 바이러스는 바이러스 피막의 부착 단백질을 이용해 숙주 세포 수용체에 달라붙는데, 이 과정이 있어야만 이후에 바이러스의 핵산이 숙주 세포 내부로 빠져 나올 수 있습니다.

② 핵산이 효소를 이용하여 복제되는 것은 ㉯에 해당하며, 이때 핵산이 DNA라면 숙주 세포에 있는 효소를 그대로 이용하고 RNA라면 숙주 세포에 있는 효소를 이용해 자신에 맞는 효소를 합성합니다.

④ 핵산은 mRNA라는 전달 물질로 단백질을 합성합니다.

⑤ ㉰에서는 배출되는 바이러스의 피막이 숙주 세포의 구성 요소인 세포막을 이용해 만들어집니다.